— 财 务 人 员 进 阶 之 道 实 战 丛 书 —

一本书读懂财务管理

要点·实务·案例

刘金光 ————— 编著

化学工业出版社

·北京·

内容简介

《一本书读懂财务管理：要点·实务·案例》一书包括财务管理概述、财务机构的组织设计、财务预算管理、成本控制、财务稽核、财务风险控制、财务分析、智慧财务 8 个章节，对财务人员日常应知的财务管理进行了系统的解读，并结合案例供读者参考。

本书采用图文解读的方式，并辅以学习目标、学习笔记、实例等模块，让读者在轻松阅读中了解财务管理的要领并学以致用。本书注重实操性，以精确、简洁的方式描述重要知识点，尽可能地满足读者快速掌握财务管理知识的需求。

本书可作为企业管理者、企业财务相关工作人员的参照范本和工具书，也可供高校教师和专家学者作为实务类参考指南，还可以作为相关培训机构开展财务管理培训的参考资料。

图书在版编目（CIP）数据

一本书读懂财务管理：要点·实务·案例/刘金光编著． —北京：
化学工业出版社，2023.4
（财务人员进阶之道实战丛书）
ISBN 978-7-122-42995-7

Ⅰ.①一…　Ⅱ.①刘…　Ⅲ.①财务管理　Ⅳ.①F275-49

中国国家版本馆CIP数据核字（2023）第033146号

责任编辑：陈　蕾　　　　　　　　　　　　装帧设计：溢思视觉设计／程超
责任校对：宋　夏　　　　　　　　　　　　　　　　E-mail: isstudio@126.com

出版发行：化学工业出版社（北京市东城区青年湖南街13号　邮政编码100011）
印　　装：三河市延风印装有限公司
787mm×1092mm　1/16　印张14¹⁄₂　字数280千字　2024年6月北京第1版第1次印刷

购书咨询：010-64518888　　　　　　　　售后服务：010-64518899
网　　址：http://www.cip.com.cn
凡购买本书，如有缺损质量问题，本社销售中心负责调换。

定　　价：68.00元　　　　　　　　　　　　　　　版权所有　违者必究

前言

　　在产业转型升级的大背景下，企业外部环境变化剧烈，企业要发展就必须谋求转型升级，而财务管理通过对资金的管理贯穿企业管理的始终，是企业经营管理的核心。

　　企业经营管理的基础就是对资金的管理，目的就是让流出的资金尽量减少，让流入的资金尽量增加，提高资金运作水平，通过再投入去赚取更多的资金。想要改善经营管理，提高经济效益，实现企业价值最大化，就需要财务人员将大量的精力从原来的会计核算和报表编制工作转移到筹融资管理、投资管理、预算管理、成本管控、资产管理、税收筹划等管理性工作中去，以期为企业谋求更多的资金流入、更少的资金流出，实现从财务会计向管理会计的转型。

　　随着计算机和互联网技术的飞速发展，财务信息系统的功能日益强大，也逐步实现了与其他业务信息系统的数据交互，使得各类数据流能在信息系统中实现闭环管理，会计核算业务越来越标准化和流程化，随之诞生了财务共享模式。财务共享模式的出现，使得基础的财务工作将逐渐被计算机自动化智能技术所取代，财务人员必须要从"核算型"向"管理型"转型，将更多的精力投入管理决策支持、预算分析、税收筹划、成本管控等更能创造企业价值的经营管理活动中，以实现价值链管理，实现业财融合。

　　飞速发展的时代对财务人员提出了更高的要求，财务人员必须不断地学习知识、积累经验、提升能力。其途径之一是多请教他人，很多财务同事都是身经百战的，多去学习他们好的处事方式和工作习惯，对于提升自己专业能力有很大帮助。另一个途径是学习，有目的地学习不同岗位的职业技能，财务人员应给自己的职业生涯定一个合适的学习计划和目标，并保证自己按时保质地去完成它，这对个人的能力培养是一个非常好的方法，通过不断地完成既定的任务和目标，自身的能力也会随之提升。

基于此，我们编写了本书，供读者学习参考。不管你目前处在财务晋升路上的哪个阶段，都可以通过阅读和学习来不断地提升自己。

《一本书读懂财务管理：要点·实务·案例》一书包括财务管理概述、财务机构的组织设计、财务预算管理、成本控制、财务稽核、财务风险控制、财务分析、智慧财务8个章节，对财务人员日常应知的财务管理进行了系统的解读，并结合案例供读者参考。

由于笔者水平有限，书中难免出现疏漏，敬请读者批评指正。

本书中所指财务非传统的财务核算，而是与企业"财"相关的方方面面。

编著者

目录

第1章
财务管理概述

 学习目标:

1.了解财务管理的工作层次,掌握各个层次的具体内容及价值,为自己的职业生涯做一个更好的规划,树立更高的学习目标。

2.了解财务管理的主要项目,掌握各项目的基本要求,以便对财务管理有一个宏观的概述,对接下来的学习做到心中有数。

财务管理是指对企业营运资金的投入及收益过程和结果进行衡量与校正，目的是确保企业目标以及为达到此目标所制订的财务计划得以实现。财务管理是企业管理的一个组成部分，它是根据财经法规制度，按照财务管理的原则，组织企业财务活动，处理财务关系的一项经济管理工作。

1.1 财务管理工作层次

作为企业组织体系中不可或缺的职能部门，财务部门的第一方针就是为企业发展服务，财务管理的最终目的是给企业创造更多效益，而不仅仅是去完成会计或出纳人员的工作。一般将财务管理工作分为图1-1所示的五个层次。

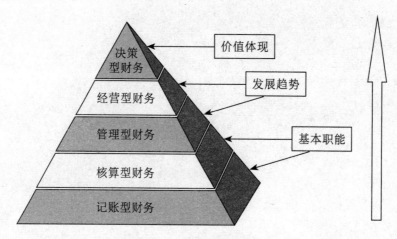

图1-1　财务管理工作层次

1.1.1 记账型财务

记账型财务是财务管理的最低层次，但同时也是最为普遍、人数基数最大的一个层次，它的基本职能是反映和监督。该层次的大部分工作都停留在反映、记录阶段，工作内容也较为容易，主要是填制凭证、记账、结账、编制报表这几个环节；这也给社会大众带来一种不好的认知，认为财务会计就是单纯的算账、记账，只不过是"账房先生"，只要算好账，记好账，上报完有关报表及数据资料就算完成了任务，并不需要具体深入到管理工作中去。这个阶段也是财务管理的初级阶段，它的重点在于反映。

1.1.2 核算型财务

核算型财务其实是记账型财务高标准要求下的升级，其目的就是体现报表结果的完整性、准确性、及时性和可比性，这样，财务管理的基本理念就上升到了一个新的高度。

报表真正的价值是用来分析，只有通过成本结构分析、异常分析，发现对经营有价值的关键点，才能体现报表的作用。此外，核算型财务最重要的就是保证财务报表的及时性和准确性，而及时性和准确性的基本要义就是规范，规范是及时性和准确性的基础。

1.1.3 管理型财务

管理型财务的核心在于能否在财务部门打造出一个内部控制体系。

企业管理，特别是集团企业管理的重心之一在于控制，而财务控制是这个体系中的核心。它对规范企业行为、降低经营风险和提高企业整体竞争能力都起着至关重要的作用。能否做到管理型财务，主要取决于记账和核算的基础是否扎实，对国家政策的解读是否及时、准确，对税改、税收、税负、税政等一系列税收政策的理解是否透彻。

管理型财务在集团企业中属于财务直管，要求财务负责人在企业里是业务权威，能做到企业资金流、信息流、物流的完整统一。

其中，全面预算、资金集中管理等措施的实现，需要有很强的执行力，能够做到令行禁止。

财务部门是否重要，在各职能部门面前是否有话语权，并不取决于领导的重视，而是由自己的努力和对企业管理所取得的效果决定的。管理型财务并不是死板地按制度办事，而是要求原则性与灵活性相结合。这需要财务管理人员有较高的业务水平和较强的综合管理能力，真正的管理型财务应该跳出财务范畴，融入业务管理，既是业务权威，又是管理内行。

1.1.4 经营型财务

经营型财务要求核算业务不断细化，能够随时拿出经营部门想要的数据给经营决策提供支撑，并主动为其服务。企业可以根据产品品种进行成本核算，分析哪些品种对企业的贡献多；可以根据市场区域进行核算，从中发现销售政策应向哪方面倾斜；可以根据客户进行核算，让经营部门了解客户为企业带来的价值；还可以根据销售人员进行核算，让企业清楚每个员工所创造的效益。

1.1.5 决策型财务

决策型财务还需要有正确的决策分析，要对企业的经营活动进行计划、决策、控制和考核，以保证目标利润的实现，这正是管理会计的职能所在。决策型管理会计的工作内容取决于各级管理人员的需求，各级管理人员的需求在哪里，管理会计的价值就在哪里。

例如，在价格决策方面，企业可能有很多对市场非常敏感的产品，这些产品要经常调整价格，但是调价的程序和依据需要财务部门及时提供准确的数据支持。

在治理结构和投资方面，财务负责人一定要清楚企业的投资理念和投资方向，关注项目本身的竞争优势和企业的手续是否健全、企业法人地位如何、资产是否合法等关键问题。

从以上五个层次的分析可以看出，只要企业走出了记账型财务阶段，准确和及时两大要求就会摆在面前，这也是财务能够进入管理、经营、决策的基础。

1.2 财务管理主要内容

1.2.1 组织规划控制

根据财务过程控制的要求，企业在确定和完善组织结构的过程中，应遵循不相容职务相分离的原则，即一个人不能兼任同一部门财务活动中的不同职务。

企业的经济活动通常划分为五个步骤：授权、签发、核准、执行和记录。如果这五个步骤由相对独立的人员或部门实施，就能够保证不相容职务的分离，有利于财务过程控制作用的发挥。

1.2.2 授权批准控制

授权批准控制是指对企业内部各部门或员工处理经济业务的权限控制。企业内部各部门或员工在处理经济业务时，必须经过授权批准才能进行。授权批准控制可以保证企业既定方针的执行，限制职权的滥用。授权批准的基本要求，如图1-2所示。

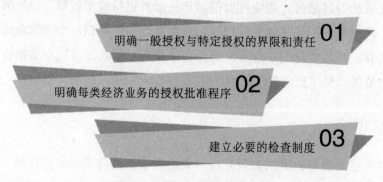

明确一般授权与特定授权的界限和责任 01

明确每类经济业务的授权批准程序 02

建立必要的检查制度 03

图1-2 授权批准的基本要求

1.2.3　预算控制

预算控制的控制范围包括融资、采购、销售、投资、管理等经营活动的全过程。预算控制有以下两点要求：

（1）所编制的预算必须体现企业的经营管理目标，并明确责任。

（2）执行中允许经过授权批准对预算进行调整。

1.2.4　成本控制

成本控制是运用系统工程的原理对企业在生产经营过程中发生的各种耗费进行计算、调节和监督的过程，同时也是寻找一切可能降低成本途径的过程。财务管理者科学地组织实施成本控制，可以促进企业改善经营管理，使企业在市场竞争的环境下生存、发展和壮大。

1.2.5　风险控制

风险控制是指防止或避免出现不利于企业经营目标实现的各种风险。在这些风险中，经营风险和财务风险显得极为重要。

经营风险是指因生产经营方面的原因给企业盈利带来的不确定性，财务风险是指企业财务结构不合理、融资不当使企业可能丧失偿债能力而导致投资者预期收益下降的风险。由于经营风险和财务风险对企业的发展具有很大的影响，所以企业在进行各种决策时，必须尽力规避这两种风险。

1.2.6　稽核控制

稽核控制主要是指企业内部稽核，是对会计的控制和再监督。内部稽核一般包括内部财务稽核和内部经营管理稽核。内部稽核对会计资料的监督、审查，不仅是财务管理的有效手段，也是保证会计资料真实、完整的重要措施。

1.2.7　财务管理信息化

财务管理信息化就是指企业利用现代信息技术手段，对企业流程进行重组，挖掘财务人力资源的信息潜能，调动企业各种财务信息资源，更好地组织企业财务活动，处理财务关系，从而实现企业财务目标的过程。

学习笔记

请对本章的学习做一个小结，将你认为的重点事项和不懂事项分别列出来，以便进一步学习、提升。

本章重点事项
1. _____
2. _____
3. _____
4. _____
5. _____
6. _____
7. _____

本章不懂事项
1. _____
2. _____
3. _____
4. _____
5. _____
6. _____
7. _____

个人心得
1. _____
2. _____
3. _____
4. _____
5. _____
6. _____
7. _____

第2章
财务机构的
组织设计

 学习目标：

1.了解财务机构设置的模式，掌握各自的特点，能够根据企业的情况来选择财务组织模式。

2.了解集团企业财务机构设置的原则，掌握集团总公司、子公司财务机构及分公司、直属分厂财务机构的设置方法、要领。

3.了解财务岗位设置的原则及财务岗位设置与企业发展阶段匹配的要求，掌握具体岗位的设计及岗位说明书编写方法。

企业是由不同部门组建的，每个部门都是企业的重要组成部分。但是，如果部门架构设计不当，很容易造成各种问题，例如人浮于事或者人手紧缺等。因此，每个企业都应当根据自己的具体情况，来选择最合适的部门架构。企业的财务管理部门，只有在合适的架构下才能始终保持高效运转，为企业提供良好的财务支持。

2.1 财务机构设置的模式

2.1.1 横向模式

从横向上看，长期以来，我国财务机构一般是与会计机构合二为一的，会计机构也就是财务机构，承担着会计核算和财务管理的双重职能。这种财务机构自计划经济体制以来变化甚少。但是，在市场经济发达的西方国家，企业财务机构的设立深刻地反映了市场经济的特点，并与企业经营性质密切相连，不同企业财务机构的设立显示了自身的特点。从整体上看，企业财务机构在横向上主要有三种模式：一元化模式、二元化模式和公司型模式。

（1）一元化模式

一元化模式的特点是，不对财务管理职能与会计职能进行分工，该机构同时具有这两种职能。而且，在该机构内部以会计核算职能为轴心来划分内部职责，如在内部设置工资、综合、结算、存货、成本、报表等分部门，有时在内部也单设财务管理分部门。从理论上讲，这种模式主要适用于中小企业，但在现实生活中它却成了我国企业目前普遍采用的模式。

（2）二元化模式

二元化模式的特点是，实行财务管理职能与会计职能分离，财务管理职能由会计职能之外的财务机构来完成，它专施筹资、投资和分配，即组织资本运动之职。在该机构内部，一般以财务管理职能或财务活动为轴心来划分内部职责，如设立规划部、经营部、监控部等。

（3）公司型模式

公司型模式的特点是，该机构（或组织）本身是一个独立的公司法人，独立对外从事各种财务活动，而且在公司内部除了设立从事财务活动的业务部门外，还设立了一般公司所需的行政部门。业务部门的架构与职能独立的财务机构类似。

【实例1】▶▶

二元化模式财务部组织架构（1）

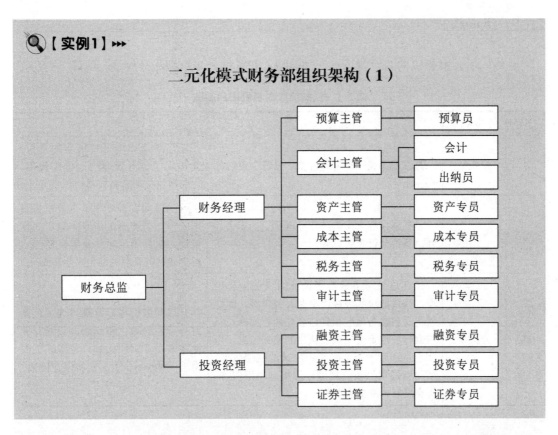

【实例2】▶▶

二元化模式财务部组织架构（2）

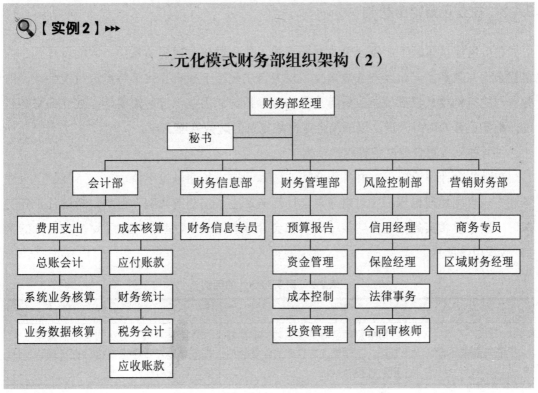

2.1.2　纵向模式

从纵向看，财务机构的设置也有三种类型：超脱型、专家型和分权型，如表2-1所示。

表2-1　纵向模式财务机构的类型

序号	类型	定义	优缺点
1	超脱型	是在董事长下设财务总监，分管企业财务	该形式既体现了董事会的授权，又体现了财务管理的地位和作用，可有效维护所有者权益
2	专家型	是在总经理下设与副总经理平行的总会计师，负责分管企业财务	这种机构设置体现了企业财务管理的专业性和决策中专家意见的权威性，但其不足之处是容易使外界对企业财务管理的地位产生怀疑
3	分权型	是在总经理下设负责企业财务的副总经理，直接向总经理报告企业财务情况。而在其下又有财务经理和会计经理两位部属，其中会计经理负责提供数量化的财务信息，以作为企业管理层或投资者决策的主要依据；而财务经理则负责规划、筹集、使用资本，以实现资本的最大增值	分权型的机构设置既体现了企业财务管理的地位和作用，又能有效地融入企业管理体制，在实际工作中是一种较好的财务机构设置模式

2.1.3　独立设置财务机构

在市场经济体制下，我国企业财务管理工作表现出了目标体系化、职能多样化、内容复杂化、关系多元化、方法数量化、权力自主化、手段电算化等特点。目前会计、财务合一的机构模式已难以适应财务管理的实际情况。因此，迫切需要建立独立的财务机构，配备足够的财务人员，以解决企业日益复杂的财务管理工作。

（1）独立设置企业财务机构的依据

在财务会计理论界，对财务和会计的关系问题，长期争论不休，"大会计观""大财务观"一直困扰理论界，并对财务与会计实务产生了深刻的影响。但是，经过几十年的探讨，理论界和实务界逐步达成了财务和会计分离的共识，基本理顺了财务与会计的区别，如表2-2所示。

表2-2　财务与会计的区别

区别点	财务管理	会计
管理职能不同	财务管理是对资金运动的职能性管理，工作重点是具体操作资金的运动过程	会计是对资金运动的基础性管理，工作重点是对资金运动信息进行确认、计量、记录和报告

区别点	财务管理	会计
工作对象不同	财务管理的对象是企业资金运行系统，包括筹资系统、投资系统、资金运用系统和收益分配系统	会计工作的对象是企业经营中发生的能以货币计量、反映的经济业务
工作方法不同	财务管理的方法体系包括财务预测、财务决策、财务预算、财务控制和财务分析等，且要定量方法和定性方法相结合	会计的方法包括设置账户、复式记账、填制和审核凭证、登记账簿、财产清查和编制会计报表等
工作原则不同	财务管理的要求是适应环境、平衡收支、系统灵活地组织资金运动。因此，应遵循系统原则、平衡原则、弹性原则、比例原则、优化原则	会计工作必须遵循客观性、可比性、一致性、重要性、稳健性、明晰性、历史成本、权责发生制、及时性、配比性、相关性、划分收益性支出与资本性支出等基本原则
工作目标不同	财务管理的目标是优化财务状况、控制风险程度、促使企业价值最大化	会计工作的目标是向会计信息需求者提供系统、完整、真实、有用的会计信息
工作依据不同	财务管理的依据主要是投资者的决策和财务制度	会计工作的依据则是会计准则和会计制度
工作程序不同	财务管理工作是以财务决策为中心的预测、决策、预算、控制和分析的管理循环程序，而且没有固定形式，实行重要性管理原则	会计工作的程序是严格遵循"凭证→账簿→报表"的固定模式
工作检查要求不同	财务管理检查偏重合乎目的	会计检查要求程序要合乎规范，会计信息要真实、合法、有用
人员知识结构要求不同	财务管理人员必须精通管理学、财务学等学科知识	会计人员主要应掌握会计法则、簿记学、会计原理、专业会计等学科知识

综合上表所示，不难看出，财务与会计的分离，为财务机构的独立设置提供了理论依据。

（2）独立财务机构设计的原则

企业财务机构独立设置，需要符合图2-1所示的原则。

符合实际原则 ☞ 财务机构的设置，应符合企业组织形式的现状，防止一刀切现象的发生。一般而言，大型企业特别是股份有限公司等财务活动复杂的企业，应根据需要设置独立的财务机构。而财务活动相对简单的中小型企业，可以继续采取财务、会计合一的机构设置模式

图2-1

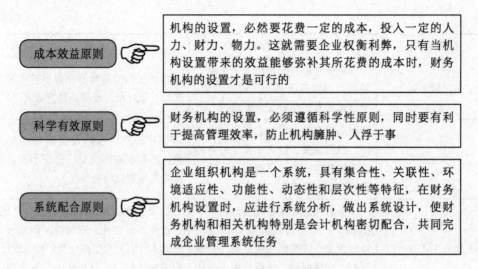

图2-1 独立财务机构设计的原则

（3）独立财务机构的设置构想

为了更好地开展财务和会计工作，充分发挥各自的职能作用，应设立独立的财务机构，以实现财务管理职能与会计职能的分离，如图2-2所示。

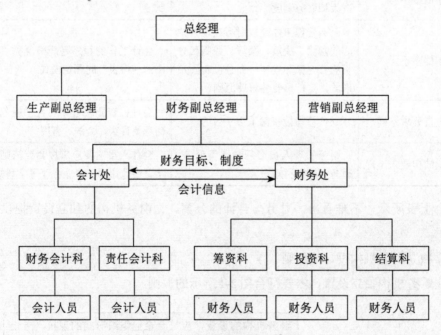

图2-2 独立财务组织机构图

从图2-2可以看出，这一结构由四个层次组成。

第一管理层次是财务副总经理。统管企业财务与会计工作，配合总经理负责重大财务事项决策和全面财会事务安排。

第二管理层次是会计处和财务处。会计处主要负责资本运动信息的采集、变换、输出和反馈，财务处主要负责会计信息的分析处理以及筹划、决策、输出各项任务目标。二者的关系是：会计处向财务处提供收集、加工、整理后的会计信息，财务处将获得的会计信息进行再加工，在分析、预测、决策的基础上制定各项财务目标、制度等，并反馈给会计处。会计处和财务处同时对财务副总经理负责。

第三管理层次是各职能科室。会计处下设财务会计科和责任会计科，分工负责会计有关事务。财务会计科主要以整个企业为核算主体，责任会计科主要以企业内部各责任单位为核算主体。财务处下设筹资科、投资科和结算科，其主要职责如表2-3所示。

表2-3 财务处下设部门的主要职责

序号	部门	主要职责
1	筹资科	（1）预测资本需求量，分析选择筹资渠道和筹资方式 （2）拟定各种可行的筹资方案，并根据审批的最优方案制订筹资计划 （3）负责筹资计划的执行，以满足生产经营活动对资本的需要 （4）分析筹资成本与风险，采取措施优化资本结构 （5）研究金融市场的现状及其变动趋势，并经常与投资科联系，寻求各种有利的投资机会
2	投资科	（1）拟定各种可行的投资方案，并根据审批的最优方案编制投资计划 （2）具体组织投资计划的执行，及时控制计划执行过程中的不利偏差，保证实现预期的投资收益 （3）从资本的投放方面，协调企业内部各部门、各单位之间的经济关系，通过科学调整投资方向、规模、时间及其结构，达到企业内部财力资源合理配置的目的
3	结算科	（1）办理企业内部各部门、各单位以及企业与外部单位之间的一切款项结算，包括收款、付款、保险、借款、税款缴纳、内部转账等 （2）进行信用调查，制定信用政策，对享受信用的客户进行追踪调查和分析，并掌握生产经营情况和还款情况，对拖欠货款者进行债务催收和清理 （3）编制货币资本的收支日报、周报、旬报、月报、年报，及时收集、加工、处理信息，并反馈给有关部门或主管人员 （4）根据企业管理层或董事会决定的分配原则，制定具体的分配方案，并提交管理层或董事会审批

第四管理层次是会计人员和财务人员。他们根据不同的岗位和分工，开展具体的会计工作和财务工作。

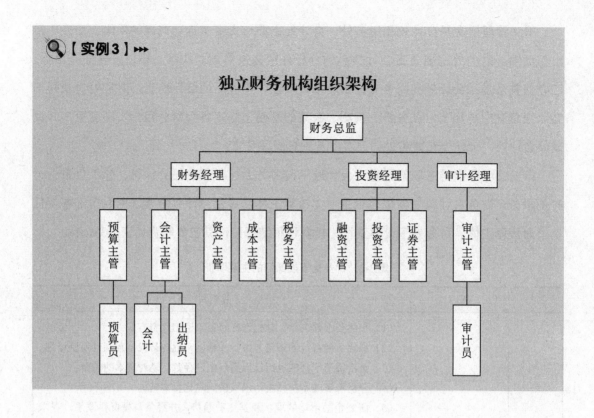

【实例3】▶▶▶

独立财务机构组织架构

2.2 集团企业财务机构的设置

2.2.1 集团企业财务机构设置的原则

（1）合理把握企业财权集中与分散的尺度

集团企业财权集中与分散的尺度，关系到企业能否灵活有效地实施各项财务管理工作。首先，必须保证财务副总经理全面负责、统一协调的管理职能，避免全部财权下放二级管理层而带来的配合问题以及重复浪费问题。其次，要避免财权集中而形成的僵化管理。集团企业财务机构的设置，必须按照财务制度规定的"统一领导，分级管理"原则进行权限划分。

（2）在精简的原则下建立财务机构

实行财务与会计分开的管理体制结构，要求分工明确，但同时又不可避免地面临着财务分离而带来的机构复杂、臃肿等问题。因此，集团企业应充分按照精简的原则设置机构，安排财会人员，并加强财务与会计机构的协调。

（3）权责利相结合的原则

集团企业的财务活动涉及面宽，对生产经营活动影响大，财务活动组织得是否合理，财务关系是否恰当，直接关系到企业的发展和经济效益的提高。因此，集团企业财务管理机构的设计要体现财务管理权责利的结合。

（4）效益性原则

财务管理机构设置的目的是规范企业的财务行为，保证财务目标的实现。因此，在设计财务管理机构时，要考虑其设置和运行成本与效率的关系，实现成本与效率的最佳结合，取得最佳效益。

2.2.2　集团总公司财务机构的设置

集团总公司是整个企业集团的权力中心，负责整个企业集团资金的筹集、应用、收回与分配。其财务机构应依据财务管理的内容分别设置筹资部、投资部、综合部和审计部，并统一由财务总监负责。财务总监由谙熟财务管理理论与方法的专业人士担任。为了使财务管理工作在集团内部更具有地位，财务总监应兼任集团总公司副总裁或其他相应级别的职务。筹资部、投资部可各设经理一名，并视集团规模设助理若干名，负责与集团战略有关的资金筹集、投资决策。综合部下设经理一名，助理若干名，负责核算集团公司的管理费用和下属各分公司、直属分厂与公司会计资料的汇总，同时兼管集团内收入与分配的协调，以及合并编制对外财务报表等。审计部下设审计专员一名，助理若干名，负责监督与审查整个集团内部成员对集团财会制度及程序的遵循情况，以及会计记录的合理性、合法性和有效性等。

2.2.3　子公司财务机构的设置

子公司在法律上是自主经营、自负盈亏的法人实体，但由于其资本大部分由集团公司（母公司）投入，其生产经营活动要受母公司控制。因此，子公司在设置财务机构时，应参照集团公司设置筹资部、投资部和综合部，并由公司财务主管负责，各部门的业务内容与集团公司所设部门的内容基本相同，所不同的是：第一，其决策权限只限于母公司所规定的可独立决策的范围；第二，要汇总、上报本公司财务预算与报告。子公司及以下单位不设审计部，审计工作由集团总部全权执行。

2.2.4　分公司、直属分厂财务机构的设置

分公司、直属分厂由于对外不具有法人资格，因此，其财务管理的主要工作可集中在总部进行。也就是说，有关筹资、投资决策的业务由总部统一规划，分公司、直属分

厂只负责本单位的会计核算工作。在机构设置上，可单设财务部，下设资金组、成本组和总账报表组，由财务主管负责。如果分公司、直属分厂不进行独立核算，则可将此财务部业务并入子公司综合部。

以上财务机构设置只基于一般性而言。对于规模较小的子公司，也可不设筹资部、投资部，而按分公司模式设置财务机构；对于规模较大的分公司，也可按子公司模式，增设筹资部、投资部；对于关联公司、协助企业，虽然不归集团公司控制，但为了便于管理，其财务机构设置也可参照子公司进行。

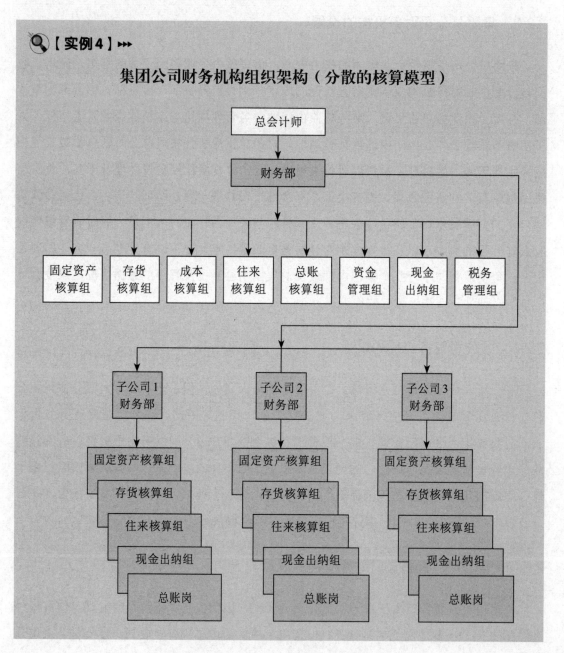

【实例4】

集团公司财务机构组织架构（分散的核算模型）

【实例5】▶▶▶

集团公司财务机构组织架构（财务集中核算模型）

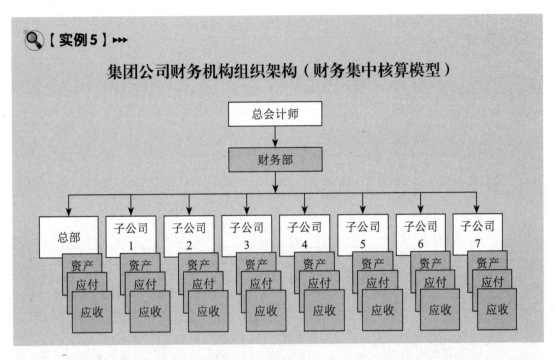

【实例6】▶▶▶

集团公司财务机构组织架构（财务共享平台模型）

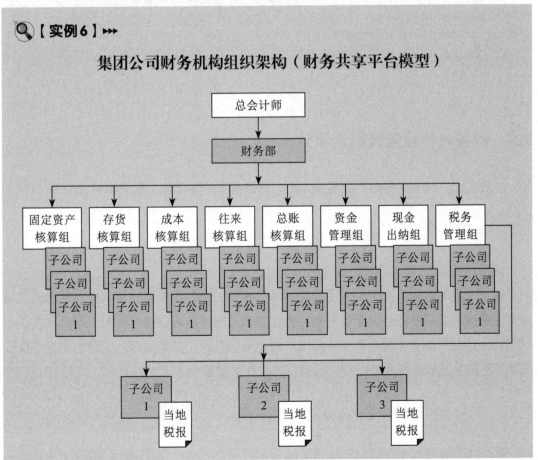

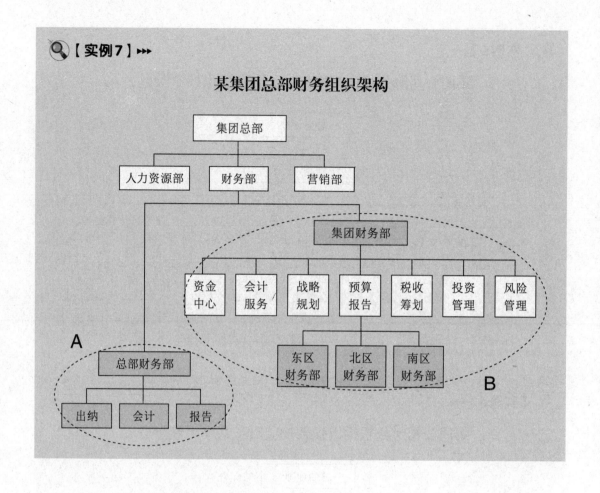

【实例7】▶▶

某集团总部财务组织架构

2.3 财务岗位设置及职责设计

一般来说，企业应根据自身规模大小、业务量多少等具体情况设置财务岗位。

2.3.1 财务岗位设置的原则

设置财务岗位时，应遵循图2-3所示的几个原则。

这几个原则的侧重点与企业发展阶段息息相关。初创企业首先要生存，更加侧重成本效益原则；发展中的企业开始对内控提出要求，要求各岗位各司其职，职责分离，相互制约，这时更加侧重岗位不相容原则；当企业成长到一定规模时，财务工作就不仅仅是账务处理，还应涉及业务监控，这时，独立性就很重要了。

2.3.2 财务岗位设置与企业发展阶段相匹配

财务岗位设置既不能滞后，也不宜超前。滞后会影响企业管理，超前会增加企业运

	成本效益是领导最为关注的，财务岗位的健全、财务分工职责的明确不是一蹴而就的，而是随着企业的成长与发展，不断演进的
成本效益原则 ☞	（1）初成立的企业规模小，甚至不招聘会计，会计账会交给代理记账公司处理 （2）随着企业规模扩大，领导会招聘一个会计人员，而会计会身兼出纳、账务、税务诸多工作，甚至身兼人事、行政、库管等非财务工作 （3）企业初具规模后，会成立财务部，设有会计、出纳岗，财务人员开始有明确的分工
岗位不相容原则 ☞	这是企业内控的基本要求，即不相容岗位职责不能由一个人负责。如，管钱的出纳和管账的会计要分开，这两个岗位不分开，一旦作假，就很难被发现。不相容岗位不分离的缺点是，出现问题不易被发现
独立性原则 ☞	当企业已经成长到一定规模时，财务和业务要相对独立，财务要起到对业务的监督作用，财务人员要确保会计数据真实可靠

图2-3 财务岗位设置的原则

营成本。

（1）小微企业财务岗位规划

某些中小企业财务管理通常具有五大弊端：偷漏税、两套账、家财务、一言堂、无制度。这种现状下，财务往往难以做到职责分离，企业甚至只有一个财务人员，由老板的亲属担任。会计相当于企业的大内主管，既要管财务，还要管人事、行政，偶尔也当老板的参谋、助手。

这种状况下，建议财务人员：

第一，摆正位置。不是所有的问题财务人员都可以解决，也不是所有的变革财务人员都能推动。财务人员往往责任心特别强，总想帮助企业去改进管理、规范流程。可问题在于，你的想法需要获得领导的认同才能推进。

第二，不要推脱财务以外的其他工作。当领导觉得你的财务工作量不饱和时，很可能让你兼做非财务工作。接受这样的工作安排可以增加你的重要性，让领导觉得你是不可或缺的，同时也有助于加强你对企业的了解。

（2）中等企业财务岗位规划

中等规模的企业大多会有一名财务负责人，头衔可以是财务总监、CFO、总会计师、财务总经理等。财务部一般由会计核算和财务管理两个岗位构成，可以各设两个主管，一个叫会计主管，一个叫财务主管。会计核算岗位主要包括一到两名出纳，会计若干，如费用会计、总账会计、会计主管等。财务管理主要包括职能预算、分析、项目管理、资金管理等。

（3）大型企业财务岗位规划

大型企业财务管理的特点是，财务分工明确，制度完善，流程清晰，个人的职业判断比较少。大企业的会计人员可以分为五个层级，即基础、中级、管理、高级、顶尖，如图2-4所示。

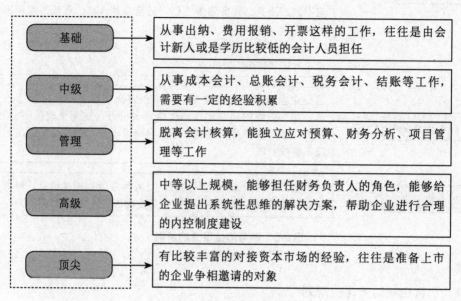

图2-4　大企业的会计人员层级

总而言之，财务部门有许多职位，如表2-4所示，但是这些职位不是每个企业全部必需的，企业应根据实际需要与发展规模，从中进行选择。

表2-4　财务部门常见职位

fixed assets 资产管理	AR 应收账款	GL 总账	AP 应付账款
payroll 薪酬管理	financial analyst 财务分析	disbursement 报销/支付	taxation 税务管理
financial reporting 财务报告	financial controller 财务总监	cost accounting 成本会计	risk management 风险管理
cashier 出纳	internal auditor 内部审计	business control 业务控制	system support 系统支持
price management 价格管理	invoice verify 发票校验	admin/filing 行政/资料员	staff accountant 会计主管
credit management 信用管理	inventory management 存货管理	CFO 首席财务官	investor relationship management 投资关系管理
capital budgeting 资本预算	treasurer 司库/财务主管	general auditor 总审计师	billing and accounting 账务管理

2.3.3 具体岗位设计

财务部门的工作职能，可以分为四大子部门或工作小组，即会计部、财务管理部、税务部、资金管理部，每个部门都有不同的岗位与职能，如表2-5所示。企业可根据自己的实际情况，在表2-5中进行选择，对适合企业的打钩。然后根据打钩的职能进行项目合并，工作量不大、不涉及岗位牵制的可以合并成一个岗位，如图2-5所示。

表2-5　财务部组织机构及岗位职责设计表

序号	小组或子部门	岗位或职能	是否适用
1	会计部	总账核算与报表	
		应收账款	
		应付账款	
		存货与成本核算	
		费用审核、报销	
		审计协调与会计档案	
		固定资产、无形资产	
		信息系统管理	
		发票开具与管理	
		内部稽核	
2	财务管理部	定期预算与滚动预算	
		管理报告与经营分析	
		成本中心维护	
		内控与流程改进	
		成本控制体系建设	
		成本报告、改进评价	
		报价模型建立、价格维护	
		合同管理	
		保险、法律等事务	
		商务谈判	
		公司战略与模式策划	
3	税务部	税款计算、复核	
		税金类科目管理	
		纳税申报	

续表

序号	小组或子部门	岗位或职能	是否适用
3	税务部	统计工作	
		税务关系管理	
		税务规划	
4	资金管理部	结算管理（出纳）	
		现金管理（出纳）	
		现金流管理	
		融资金融工具	
		客户信用管理与控制	

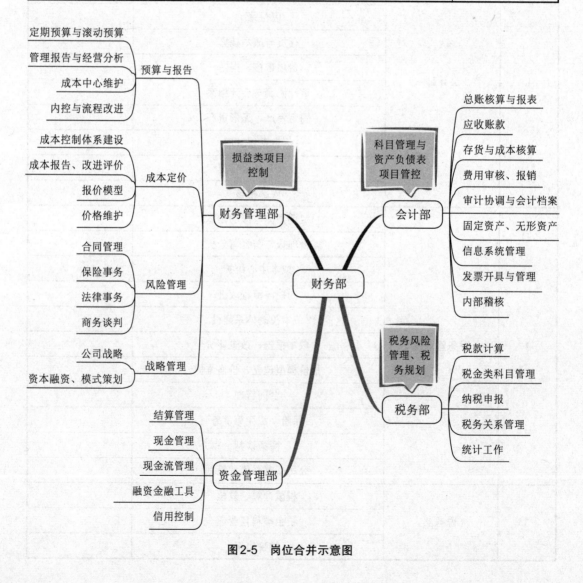

图2-5　岗位合并示意图

2.3.4 形成岗位说明书

岗位设计好后，就要形成岗位说明书。

岗位说明书是表明企业期望员工做些什么，规定员工应该做些什么、应该怎么做和在什么样的情况下履行职责的总汇。岗位说明书最好根据企业的具体情况进行制订，而且在编制时，要注重文字简单明了，并使用浅显易懂的文字；内容越具体越好，避免形式化、书面化。

 【实例8】▶▶

财务部经理岗位说明书

岗位名称	财务部经理	岗位代码		所属部门	财务部
职系		职等职级		直属上级	总经理

1.岗位设置目的

全面负责公司会计核算、财务管理，对经营过程实施财务监督

2.岗位职责

（1）与总经理沟通并汇报工作，协助总经理制订财务规划

（2）及时、准确地向公司领导提供决策信息及建议，为公司重大决策服务

（3）参与公司重大财务问题的决策

（4）组织公司成本核算，提出成本控制建议

（5）按期完成申报并缴纳各种税款，妥善保管税务发票，独立完成公司年检工作

（6）负责公司财产及物资采购的监督，定期组织存货盘点

（7）定期编制各种财务报表、会计报表，并按要求及时上报总经理

（8）编制财务收支计划，合理安排资金运用，保证满足经营活动的资金需求

（9）对日常各项费用开支、报销单据进行审核，杜绝不合理的费用报销

（10）协调本部门与其他部门间的关系，解决争议

（11）监督、指导直接下属人员的财务、会计工作，并督促下属员工及时完成工作计划

（12）完成上级交办的其他事项

3.工作关系

续表

（1）向总经理提供适当的财务报表、分析报告及投融资建议，并落实其工作安排
（2）做好与外部机构的接洽工作，维持良好的双边关系
（3）与各相关部门按照部门间既定的工作程序做好安排，并做好财务监督、会计核算等工作

4.任职要求

（1）教育背景：大专以上学历，财务管理、会计等相关专业

（2）经验：5年以上会计工作经验，2年以上财务管理工作经验

（3）专业知识：熟悉行业特征、涉外公司的有关政策法规以及相关业务知识

（4）能力与技能：具有良好的组织、沟通协调能力，文字表述能力和公关社交能力

5.工作条件

（1）工作场所：财务部办公室

（2）工作时间：固定（五天八小时制）

（3）使用设备：电脑、电话、计算器等

 【实例9】 ▶▶▶

总出纳岗位说明书

岗位名称	总出纳	岗位代码		所属部门	财务部
职系		职等职级		直属上级	财务部经理

1.岗位设置目的

公司银行存款和现金的总额收支与管理

2.岗位职责

（1）及时反映公司资金信息，并向总经理报送，保证资金监督和预算工作的开展

（2）对核算会计传递的原始凭证与录入的记账凭证进行检查、监督

（3）负责办理公司大额资金收支结算业务

（4）定额拨付给出纳所需资金，以保证公司经营正常业务的需要

（5）定期与会计、出纳核对银行存款、现金收支账，确保账账、账款相符

（6）负责银行票据、收款收据、发票的申购、保管、合法使用和及时缴销

（7）妥善保管印章、现金、票据和有价证券，发现遗失应及时报告

（8）在工资发放日，协助财务人员办理配、换、找零现金事宜

（9）完成上级交办的其他事项

续表

3. 工作关系

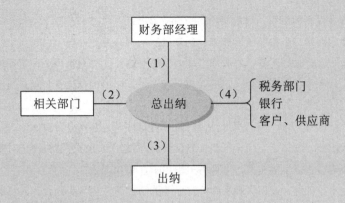

（1）接受财务部经理的直接指导，并协助其做好出纳工作

（2）与各相关部门做好协调沟通工作

（3）听取下属出纳汇报工作，指导其日常工作，并进行监督

（4）与外部机构就税款缴交、存款、现金转账等事务做好沟通

4. 任职要求

（1）教育背景：中专以上学历，财会相关专业

（2）经验：熟悉出纳岗位工作内容，从事财会工作3年以上

（3）专业知识：熟悉会计基础知识、现金管理知识

（4）能力与技能：具有良好的职业操守和沟通能力，责任心强，能熟练操作电脑

5. 工作条件

（1）工作场所：财务部办公室

（2）工作时间：固定（五天八小时制）

（3）使用设备：电脑、电话、计算器等

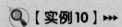 【实例10】▶▶▶

出纳岗位说明书

岗位名称	出纳	岗位代码		所属部门	财务部
职系		职等职级		直属上级	总出纳

1. 岗位设置目的
   公司银行存款和现金的收支与管理

续表

2. 岗位职责

（1）现金的日常收支和保管，银行账户的开户与销户

（2）清点各部门交来的各种款项，做到有问题当时问清并及时处理

（3）按财务规定做好报销工作，每天盘点现金、核对账目、补充备用金，定期编制出纳报表

（4）查实、汇报各银行账户余额，定期向总经理汇报具体银行存款及备用金情况

（5）登记现金日记账，并结出余额，每月同会计对账，与总分类账核对

（6）登记银行存款日记账，每月根据银行对账单进行核对，并同会计对账，与总分类账核对

（7）负责收款收据、发票、空白银行票据的保管与开具，定期整理装订银行对账单

（8）办理工资银行卡，发放工资，办理各类信用卡，交存现金

（9）在保障安全、准确、及时办理资金收付业务的前提下，适当协助会计人员处理外勤工作

（10）完成上级交办的其他事项

3. 工作关系

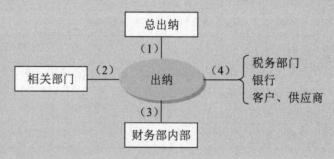

（1）接受总出纳的领导，在其指导、监督下，开展出纳业务工作

（2）与相关部门做好现金往来沟通工作

（3）与部门内部各会计做好现金入账、网上银行转账、日常账务和账簿审核等工作的沟通与核对

（4）做好与外部机构的现金往来沟通工作

4. 任职要求

（1）教育背景：中专以上学历，财务、会计相关专业

（2）经验：熟悉出纳岗位工作内容，从事财会工作1年以上

（3）专业知识：熟悉会计基础知识、现金管理知识

（4）能力与技能：具有良好的职业操守和沟通能力，责任心强，工作认真负责，能够承受一定的工作压力；能适应快节奏的工作步调；能熟练操作电脑及财务软件

5. 工作条件

（1）工作场所：财务部办公室

（2）工作时间：固定（五天八小时制）

（3）使用设备：电脑、电话、计算器等

【实例11】▶▶▶

会计主管岗位说明书

岗位名称	会计主管	岗位代码		所属部门	财务部
职系		职等职级		直属上级	财务部经理

1.岗位设置目的

统筹安排会计人员日常工作，实施会计监督

2.岗位职责

（1）与财务部经理沟通并汇报工作，协助财务部经理制订财务部工作计划

（2）审核各类凭证、报销单据，确保财务数据的准确和会计资料的完整

（3）协助健全内部控制制度，不断整合财务资源及作业流程，以提高财务部整体协同能力

（4）监督指导会计分类记账，填制传票，保证各类凭证准确、真实、完整

（5）监督审核各类日记账、总账、分类账的填制

（6）监督公司现金存款与出纳管理

（7）负责公司会计人员队伍建设，对下属人员的调配、培训、考核提出意见

（8）负责指导下属员工制订阶段工作计划，并督促执行

（9）对公司员工进行财务支持，对其他部门能够进行财务监督、协助和沟通

（10）完成上级交办的其他事项

3.工作关系

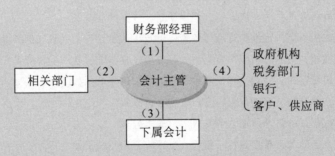

（1）接受财务部经理的直接领导，并协助其管理好部门内部工作

（2）与各相关部门做好会计事务协调沟通工作

（3）听取下属会计汇报工作，指导其日常工作，并进行监督

（4）在财务部经理休假或不在岗时，代其做好与外部机构的接洽工作，维持良好的双边关系

4.任职要求

（1）教育背景：大专以上学历，财务管理、会计等相关专业，有会计师资格

（2）经验：5年以上会计工作经验，3年以上外企主管会计工作经验

（3）专业知识：全面的专业知识、账务处理及财务管理经验；熟悉财政及税务的政策法规

续表

（4）能力与技能：有较强的沟通能力和领导能力，有良好的纪律性、自律性以及对工作认真、细致、负责的态度，并能承受一定的工作压力；能熟练使用财务软件和Excel、Word等信息技术工具
5.工作条件 （1）工作场所：财务部办公室 （2）工作时间：固定（五天八小时制） （3）使用设备：电脑、电话、计算器等

🔍【实例12】▶▶

资金会计岗位说明书

岗位名称	资金会计	岗位代码		所属部门	财务部
职系		职等职级		直属上级	会计主管

1.岗位设置目的

全面负责资金核算，编制资金需求与使用情况报表，应付账款工作统筹，内部账务处理

2.岗位职责

（1）负责公司资金核算，按月编制公司资金需求预算报表

（2）编写公司资金管理办法，制订资金使用计划，并监督实施

（3）负责应收账款、应付账款的管理与核算，以及承（发）包工程款项的结算与支付

（4）及时清理债权、债务，按权责发生制做好各项应收、应付款项的挂账工作

（5）统筹应付账款工作，复核应付账款报表，进行应付账款的账龄分析

（6）协助应付会计结账，定期与供应商、账务会计对账

（7）负责编制内部财务管理所需的各类费用、成本报表

（8）负责内部账务处理，单据保管、整理、装订成册和归档工作

（9）审核收付款单据，监督收付款情况

（10）完成上级交办的其他事项

3.工作关系

续表

（1）接受会计主管的领导，在其指导、监督下，开展资金管理工作 （2）与相关部门就资金核算、资金需求情况进行协调沟通 （3）与财务部内部其他会计人员做好沟通协调工作，与出纳做好现金往来协调工作
4.任职要求 （1）教育背景：中专以上学历，会计相关专业 （2）经验：3年以上财会工作经验 （3）专业知识：熟悉会计核算和会计法规 （4）能力与技能：具有良好的与内部和外部客户沟通的能力，责任心强，工作细致、认真，善于思考，有良好的计算能力、统计能力，具备一定的判断力，能承受一定的工作压力，能熟练操作电脑
5.工作条件 （1）工作场所：财务部办公室 （2）工作时间：固定（五天八小时制） （3）使用设备：电脑、电话、计算器等

【实例13】▶▶▶

应付会计岗位说明书

岗位名称	应付会计	岗位代码		所属部门	财务部
职系		职等职级		直属上级	会计主管

1.岗位设置目的 应付账款的核算，结账与付款，应付账款报表编制
2.岗位职责 （1）确保公司的支出及交易、采购、支付等政策得到严格、有效的执行 （2）审核采购部提供的供应商基本资料，在应付账款管理系统中正确创建供应商资料 （3）做好供应商采购订单跟踪管理、发票校验和付款申请工作 （4）月底与仓库、采购对（结）账，月初与月结供应商对（结）账，以确保应付账款准确、无误，数据一致 （5）检查已验收但尚未收到发票的采购订单，如果超过合同期限，应追查并采取措施索取发票 （6）每月编制对账单、应付账款报表、账龄分析报表，并交资金会计审核 （7）根据总经理审核过的付款申请书，及时安排付款，并对逾期付款业务做跟踪处理 （8）积极参与公司应付账款业务、结算流程及其他相关工作流程的设计和改进

续表

（9）协助资金会计编制材料采购、外发加工付款预算	
（10）完成上级交办的其他事项	

3.工作关系

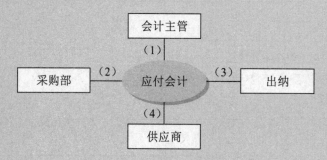

（1）接受会计主管的领导，在其指导、监督下，开展应付账款管理工作

（2）初审采购部的付款申请单，提供货款报表和货款信息的咨询

（3）及时与出纳对账，督促出纳及时支付货款

（4）与供应商核对付款金额、登记情况

4.任职要求

（1）教育背景：中专以上学历，会计相关专业

（2）经验：2年以上财会工作经验

（3）专业知识：熟悉会计核算和会计法规，参加过电算化会计知识培训

（4）能力与技能：具有良好的沟通能力和职业操守，责任心强，工作细致、认真，善于思考，能承受一定的工作压力，电脑操作熟练

5.工作条件

（1）工作场所：财务部办公室

（2）工作时间：固定（五天八小时制）

（3）使用设备：电脑、电话、计算器等

🔍【实例14】▶▶▶

应收会计岗位说明书

岗位名称	应收会计	岗位代码		所属部门	财务部
职系		职等职级		直属上级	会计主管

1.岗位设置目的

应收账款的核算，结账与收款，应收账款报表编制

续表

2. 岗位职责

（1）确保公司的应收账款政策得到严格、有效的执行

（2）审核销售人员提供的客户基本资料，在应收账款管理系统中正确创建客户资料

（3）月底与销售部对（结）账，月初与月结客户对（结）账，以确保应收账款准确、无误，数据一致

（4）检查已验收但尚未收到货款的销售业务，如果超过合同期限，应追查并采取措施索取货款

（5）积极参与公司应收账款业务、结算流程及其他相关工作流程的设计和改进

（6）完成上级交办的其他事项

3. 工作关系

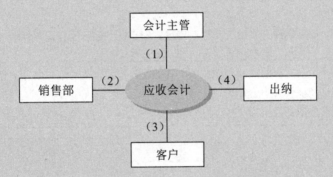

（1）接受会计主管的领导，在其指导、监督下，开展应收账款管理工作

（2）督促销售人员及时进行应收账款的对账与催收，并向其发送应收账款报表

（3）根据客户要求及时对账，根据客户要求准确开具发票，配合客户处理其他事宜

（4）与出纳核对应收款项的入账情况

4. 任职要求

（1）教育背景：中专以上学历，会计相关专业

（2）经验：2年以上财会工作经验

（3）专业知识：熟悉会计核算和会计法规，参加过电算化会计知识培训

（4）能力与技能：具有良好的沟通能力和职业操守，责任心强，工作细致、认真，善于思考，能承受一定的工作压力，电脑操作熟练

5. 工作条件

（1）工作场所：财务部办公室

（2）工作时间：固定（五天八小时制）

（3）使用设备：电脑、电话、计算器等

【实例15】 ▶▶▶

账务会计岗位说明书

岗位名称	账务会计	岗位代码		所属部门	财务部
职系		职等职级		直属上级	会计主管

1. 岗位设置目的

日常账务处理，会计报表编制，登记及保管各类账簿

2. 岗位职责

（1）正确设置会计科目和会计账簿

（2）负责公司日常账务处理，审查原始单据，整理会计凭证，编制记账凭证

（3）负责编制公司的会计报表及财务分析报告

（4）负责编制细化的公司财务分析报告，并报领导决策

（5）负责总分类账、明细分类账、费用明细账、固定资产账簿的登记与保管

（6）负责分摊各种费用，计提固定资产折旧，核算各项税金

（7）定期对账，发现差异时及时查明原因，并处理结账时有关的账务调整事宜

（8）审核、装订及保管各类会计凭证

（9）完成上级交办的其他事项

3. 工作关系

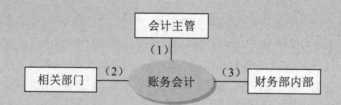

（1）接受会计主管的领导，在其指导、监督下，开展账务管理工作

（2）与相关部门做好账务往来工作，并定期对账

（3）与部门内部其他会计做好账簿的移交、核对工作

4. 任职要求

（1）教育背景：大专以上学历，会计及财务相关专业，初级以上会计师职称

（2）经验：5年以上财会工作经验

（3）专业知识：熟悉国家会计法规、税务相关政策

（4）能力与技能：具有良好的沟通能力和职业操守，责任心强，工作踏实，做事严谨、认真、细致，人品正直，能够承受较大的压力，能熟练使用财务软件及办公软件

5. 工作条件

（1）工作场所：财务部办公室

（2）工作时间：固定（五天八小时制）

（3）使用设备：电脑、电话、计算器等

【实例 16 】►►►

电算会计岗位说明书

岗位名称	电算会计	岗位代码		所属部门	财务部
职系		职等职级		直属上级	会计主管

1. 岗位设置目的

定期编制对外报表，在财务软件中录入凭证及生成报表，登记及分管存货账簿

2. 岗位职责

（1）按规定定期向有关部门报送相关报表（如统计报表、外资报表）与资料

（2）负责公司电算财务软件的科目设置、记账凭证的录入

（3）负责公司财务账目电脑查询、电算化资料备份和保管

（4）负责公司物料、生产成本、产成品等存货账簿的登记与保管

（5）负责公司免抵退税申报系统的操作

（6）完成上级交办的其他事项

3. 工作关系

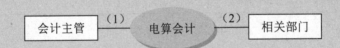

（1）接受会计主管的领导，在其指导、监督下，开展电算系统管理、报表制作等工作

（2）及时报送相关部门所需要的各类报表

4. 任职要求

（1）教育背景：中专以上学历，会计及财务相关专业

（2）经验：3 年以上财会工作经验

（3）专业知识：熟悉国家会计法规、税务相关政策

（4）能力与技能：具有良好的沟通能力与学习能力，责任心强，工作踏实，做事细致、认真，能够承受一定的压力，能熟练使用财务软件及办公软件

5. 工作条件

（1）工作场所：财务部办公室

（2）工作时间：固定（五天八小时制）

（3）使用设备：电脑、电话、计算器等

【实例17】 ▶▶▶

成本会计岗位说明书

岗位名称	成本会计	岗位代码		所属部门	财务部
职系		职等职级		直属上级	会计主管

1.岗位设置目的

　　成本核算资料的收集，成本报表的编制，成本资料的保管

2.岗位职责

　　（1）负责生产成本、制造费用、产成品的核算工作，编制有关的成本报表

　　（2）负责BOM表与工单资料的收集、整理与核对，以及相关数据资料的系统录入

　　（3）负责标准成本的计算，协助工程部门制定产品标准工时

　　（4）负责制造费用的分摊

　　（5）负责生产报表以及盘点表的收集、核对，期末分摊计算在制品、制成品成本

　　（6）结转成本，根据公司的需要提供各种成本数据，并对成本提出合理化建议

　　（7）负责指导、监督车间核算员、仓库管理员做好财务数据收集工作

　　（8）负责物料库、成品仓库报表的审核和对账工作，每月编制存货分析表

　　（9）负责组织对经管的各项存货进行定期或不定期盘点，并监督盘点工作

　　（10）完成上级交办的其他事项

3.工作关系

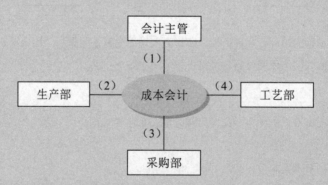

　　（1）接受会计主管的领导，在其指导、监督下，开展成本核算、制造费用分摊等工作

　　（2）考察生产部成本控制工作的落实情况，并进行监督

　　（3）核算采购价格的准确性，与采购部门就采购价格的维护、成本核算材料价格的转换等进行沟通

　　（4）确保BOM真实、准确，督促工艺部提交更改后的技术资料

4.任职要求

　　（1）教育背景：大专以上学历，会计及财务相关专业

续表

（2）经验：2年以上财会工作经验 （3）专业知识：精通成本会计、财务管理，熟悉审计、电脑、ERP系统等方面的知识 （4）能力与技能：具备实际操作能力、良好的沟通能力、部门协作与团队合作技巧、高度的责任心和敬业精神；能保守公司秘密，恪守职业道德，熟练使用电脑	
5.工作条件 　（1）工作场所：财务部办公室 　（2）工作时间：固定（五天八小时制） 　（3）使用设备：电脑、电话、计算器等	

🔍 【实例18】▶▶▶

工资会计岗位说明书

岗位名称	工资会计	岗位代码		所属部门	财务部
职系		职等职级		直属上级	会计主管

1.岗位设置目的

负责工资核算，工资表的编制与工资发放，会计对外事务的外勤工作

2.岗位职责

（1）负责公司管理层的薪资核算与薪资档案的保管

（2）负责工资核算的监督与核查

（3）负责银行代发工资资料的报送，以及银行工资卡的发放管理

（4）负责公司社保登记、申报、缴纳工作

（5）负责工资发放，工资分析报表的编制

（6）负责会计对外事务的外勤工作

（7）完成上级交办的其他事项

3.工作关系

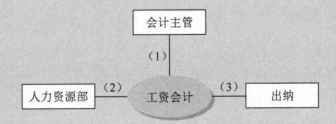

（1）接受会计主管的领导，在其指导、监督下，开展工资核算工作

续表

（2）监督与核查人力资源部工资核算员的工作	
（3）向出纳出具工资发放凭证	

4.任职要求

（1）教育背景：大专以上学历，会计及财务相关专业

（2）经验：2年以上财会工作经验

（3）专业知识：熟悉会计核算和会计法规，具备统计学、社会保险等方面的知识

（4）能力与技能：有工资核算经验，有良好的沟通能力，工作细心、谨慎，能承受一定的工作压力，电脑操作熟练

5.工作条件

（1）工作场所：财务部办公室

（2）工作时间：固定（五天八小时制）

（3）使用设备：电脑、电话、计算器等

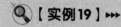 【实例19】▶▶

税务会计岗位说明书

岗位名称	税务会计	岗位代码		所属部门	财务部
职系		职等职级		直属上级	会计主管

1.岗位设置目的

负责公司税务方面的各项工作

2.岗位职责

（1）负责公司纳税申报

（2）负责税收结算、申报、缴纳与筹划等工作，依法按时缴纳各项税费，并对各项税费进行准确核算

（3）负责协调和税务部门的关系，协助领导做好税收优惠政策的争取工作，并准备税收优惠的各种文件

（4）负责提出合理、合法的税收成本降低建议

（5）负责本领域内的财务分析工作

（6）负责本岗位工作的改进、完善和创新

（7）负责协助、配合其他岗位的相关工作

（8）完成上级交办的其他事项

续表

3.工作关系

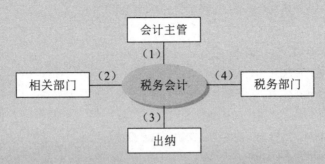

（1）接受会计主管的领导，在其指导、监督下，开展税务事务处理工作

（2）就确定税额向各相关部门获取信息

（3）向出纳出具支付税款的凭证

（4）协调和税务部门的关系，做好缴税工作及税务法规、信息的收集工作

4.任职要求

（1）教育背景：大专以上学历，会计及财务相关专业

（2）经验：2年以上财会工作经验

（3）专业知识：熟悉会计核算和会计法规，具备统计学、税收法规等方面的知识

（4）能力与技能：有税收核算经验及良好的沟通能力，工作细心、谨慎，能承受一定的工作压力，电脑操作熟练

5.工作条件

（1）工作场所：财务部办公室

（2）工作时间：固定（五天八小时制）

（3）使用设备：电脑、电话、计算器等

【实例20】 ▶▶▶

资产管理专员岗位说明书

岗位名称	资产管理专员	岗位代码		所属部门	财务部
职系		职等职级		直属上级	财务部经理

1.岗位设置目的
　全面负责公司固定资产和存货的管理

续表

2. 岗位职责

（1）为各类固定资产建立管理账目，并登记其变动情况

（2）监督各部门对固定资产的使用及维护情况，使固定资产处于良好的状态中

（3）做好固定资产的计价、核算、转让、报废等工作

（4）为存货建立管理账目，准确记录变动情况

（5）就存货的增加、减少、意外损失等情况与各相关部门进行协作

（6）参与制定固定资产、存货管理政策

（7）参与重大采购、销售合同的签订、采购招标及反拍卖工作

（8）及时对存货进行会计记录

（9）完成上级交办的其他事项

3. 工作关系

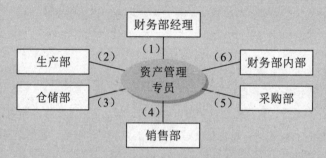

（1）接受财务部经理的直接领导，在其指导、监督下，做好固定资产的核算工作

（2）与生产部门沟通物料的耗用情况、产品的生产情况

（3）向仓储部了解库存存货的数量，为其计价，并协同进行盘点，做好账目的变更处理

（4）跟踪产品销售情况，及时登账记录

（5）跟踪物料采购情况，及时登账记录

（6）就固定资产的账目、账务进行协调沟通

4. 任职要求

（1）教育背景：大专以上学历，会计及财务相关专业

（2）经验：2年以上财会工作经验

（3）专业知识：熟悉会计核算和会计法规，具备统计学、税收法规等方面的知识

（4）能力与技能：有固定资产核算经验及良好的沟通能力，工作细心、谨慎，能承受一定的工作压力，电脑操作熟练

5. 工作条件

（1）工作场所：财务部办公室

（2）工作时间：固定（五天八小时制）

（3）使用设备：电脑、电话、计算器等

【实例21】▶▶▶

投融资专员岗位说明书

岗位名称	投融资专员	岗位代码		所属部门	财务部
职系		职等职级		直属上级	财务部经理

1.岗位设置目的

　全面负责投融资事务的处理，为总经理、财务部经理等决策人员提供投融资建议

2.岗位职责

　（1）负责制作公司所有投融资项目的成本预算，并组织协调实施投融资预算，设计投融资方案

　（2）负责分析市场和项目融资风险，对公司短期及较长期的资金需求进行预测，及时出具分析报告，提出相应的应对措施，制定并实施相应的融资解决方案

　（3）积极开拓金融市场，与国内外目标融资机构沟通，建立多元化的公司融资渠道，与各金融机构建立和保持良好的合作关系

　（4）对公司资产和负债进行全面分析，针对不同银行的特点设计融资项目和方式

　（5）执行融资决策，确保公司融资的流动性，为资金平衡奠定基础

　（6）了解市场上可投资项目，分析其具体收益，并根据公司情况，慎重选择投资项目

　（7）进行资金分析和调配，监督各项资金的运作，优化资金结构，提高资金使用效率

　（8）完成上级交办的其他事项

3.工作关系

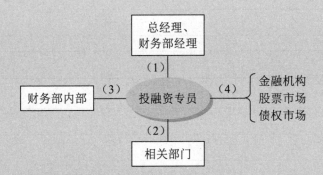

　（1）向总经理、财务部经理提供投融资建议和意见

　（2）就开展投融资工作所需资料和信息与相关部门做好沟通协调工作

　（3）就开展投融资工作所需资料与财务部内部会计、出纳等做好沟通协调工作

　（4）与银行、证券公司等金融机构保持联系，同时熟悉股票市场、债券市场等

4.任职要求

　（1）教育背景：大专以上学历，金融、会计及财务相关专业

　（2）经验：2年以上财会工作经验

续表

（3）专业知识：熟悉会计法律法规，具备统计学、金融学等方面的知识 （4）能力与技能：具有良好的沟通能力，工作细心、谨慎，能承受一定的工作压力，电脑操作熟练
5.工作条件 （1）工作场所：财务部办公室 （2）工作时间：固定（五天八小时制） （3）使用设备：电脑、电话、计算器等

 学习笔记

请对本章的学习做一个小结，将你认为的重点事项和不懂事项分别列出来，以便进一步学习、提升。

本章重点事项
1. _____
2. _____
3. _____
4. _____
本章不懂事项
1. _____
2. _____
3. _____
4. _____
个人心得
1. _____
2. _____
3. _____
4. _____

第3章
财务预算管理

 学习目标:

1.了解预算管理的内容,掌握预算编制的基本程序。

2.了解预算管理的关键环节,掌握各个环节的操作步骤、方法、细节。

3.掌握销售预算编制、生产预算编制、采购预算编制、生产成本预算编制、运营成本预算编制、资本支出预算编制、现金预算编制、预计报表编制等的操作细节、方法及应用工具。

3.1 预算管理的内容

预算管理是指企业在战略目标的指导下，对未来的经营活动和财务结果进行充分、全面的预测和筹划，并通过对执行过程的监控，将实际完成情况与预算目标不断对照和分析，从而及时指导经营活动的改善和调整，以帮助管理者更加有效地管理企业和最大限度地实现战略目标。

一般来说，企业财务预算应包括表3-1所示的内容。

表3-1　财务预算的内容

序号	预算类别	详细说明
1	销售预算	销售预算是编制利润预算的基础。根据企业经营目标，遵循以销定产的原则，通过本量利分析，确定最佳销售量和销售价格
2	生产预算	以销售预算为基础，结合企业的生产能力、预计生产量和存货需求量，编制生产计划表或工程进度计划表
3	成本预算	为规划利润和成本，控制企业的现金流量，依据生产量预算、直接材料、直接人工、制造费用，编制生产成本预算表
4	费用预算	对于销售产品及企业管理过程中所发生的费用，应编制销售费用预算表、管理费用预算表、研发费用预算表、财务费用预算表、折旧预算表和税金预算表
5	现金预算	为列出预算期内的现金流入和现金流出情况，保持现金收支平衡，并合理地调配现金资源，应编制现金预算表、固定资产购置计划表、其他收入预算表、其他支出预算表、现金预算表和融资计划表
6	利润预算	利润预算是以货币形式综合反映预算期内企业经营活动成果的利润计划
7	资产负债预算	为反映企业预算期内期末财务状况的全貌，应编制资产负债预算表
8	财务状况预算	根据各种形式收入和费用的预算，综合预测企业未来的经营情况，并检验预算期内经营预算结果，同时编制财务比率分析表，适时向决策者提供有效控制经营活动的信息分析资料

3.2 预算管理的关键环节

3.2.1 预算编制

预算包括营业预算、资本预算、财务预算、筹资预算等，各项预算的有机组合构成了企业总预算，也就是通常所说的全面预算。预算编制流程，如图3-1所示。

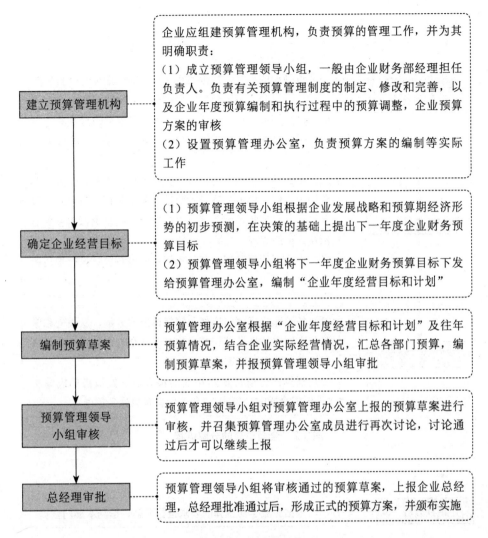

图3-1 预算编制流程

3.2.2 预算分解

预算分解是预算指标的细化和落实过程，目的是保证全面预算管理目标的实现。全面预算的分解是一个循序渐进的过程，各企业应根据本企业的基础管理水平，尽可能地将各项预算指标细化，并制定相应的保证措施。全面预算的分解流程，如图3-2所示。

3.2.3 预算执行

企业编制预算之后，各部门要按照预算的要求予以执行。企业要对各部门的预算执行情况进行监督，以确保预算得到顺利执行。预算执行流程，如图3-3所示。

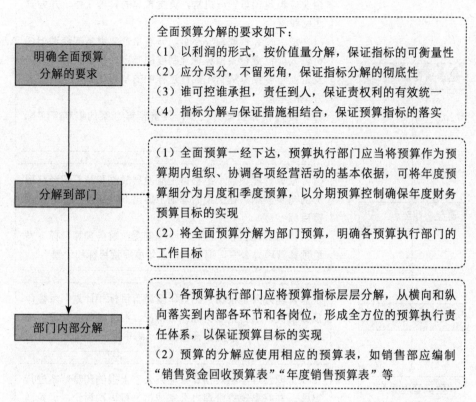

图3-2　全面预算的分解流程

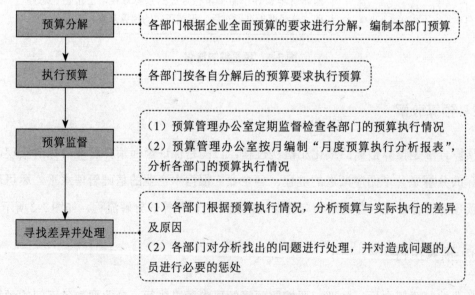

图3-3　预算执行流程

3.2.4 预算调整

当市场环境、经营条件、政策法规等发生重大变化，且这种变化在编制预算时不可预见，以致预算的编制基础不成立，或者将导致预算执行结果产生重大偏差时，企业应对预算进行必要的调整。预算调整流程，如图3-4所示。

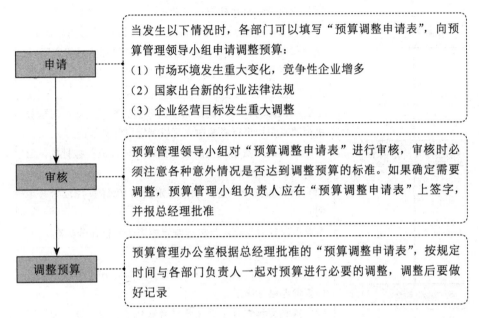

申请

当发生以下情况时，各部门可以填写"预算调整申请表"，向预算管理领导小组申请调整预算：
（1）市场环境发生重大变化，竞争性企业增多
（2）国家出台新的行业法律法规
（3）企业经营目标发生重大调整

审核

预算管理领导小组对"预算调整申请表"进行审核，审核时必须注意各种意外情况是否达到调整预算的标准。如果确定需要调整，预算管理小组负责人应在"预算调整申请表"上签字，并报总经理批准

调整预算

预算管理办公室根据总经理批准的"预算调整申请表"，按规定时间与各部门负责人一起对预算进行必要的调整，调整后要做好记录

图3-4 预算调整流程

3.2.5 预算考核

为充分调动各部门和全体员工的积极性和创造性，更好地推动管理水平的逐步提高，使预算管理得到有效执行，确保企业目标得以实现，企业应积极开展预算考核工作。预算考核流程，如图3-5所示。

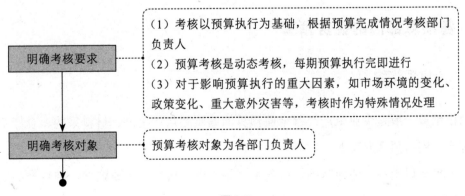

明确考核要求

（1）考核以预算执行为基础，根据预算完成情况考核部门负责人
（2）预算考核是动态考核，每期预算执行完即进行
（3）对于影响预算执行的重大因素，如市场环境的变化、政策变化、重大意外灾害等，考核时作为特殊情况处理

明确考核对象

预算考核对象为各部门负责人

图3-5

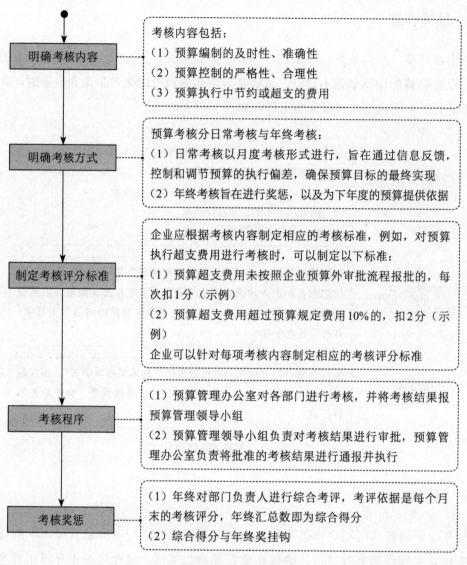

图3-5　预算考核流程

3.3　各预算部门的业务预算

3.3.1　销售预算编制

销售预算一般是企业生产经营全面预算的编制起点，生产、材料采购、仓储费用等预算都要以销售预算为基础。

销售预算以销售预测为基础，以各种产品历史销售量为主要依据，结合产品发展前景等信息，按产品、地区、客户和其他项目分别编制，然后汇总成为销售预算。

3.3.1.1　编制人员

编制销售预算时，一般由销售部门主导，财务部、生产部、研发部等部门辅助。

3.3.1.2　注意事项

编制销售预算时，要注意表3-2所示的几点。

表3-2　编制销售预算的注意事项

序号	注意事项	内容
1	销售政策	编制销售预算时，企业应先评估自己的销售政策是否合理，如发现有不合理之处，就要做出相应调整
2	信用政策	企业的信用政策一般有两项内容：一是信用期限，例如，上一年度企业给客户的信用期限是30天，那么，未来年度就要考虑是缩短信用期限还是延长，缩短或延长的理由是什么；二是信用额度，例如，企业上一年度给某客户的额度是30万元，那么，未来年度是给30万元还是给40万元，这取决于对方的信用。这两个环节会影响企业应收账款的回收管控，所以，在编制销售预算前要特别注意
3	定价机制	关注竞争对手的产品价格变化，即企业所属行业的产品价格变化
4	客户政策	明确企业应该优化哪些客户、保留哪些客户
5	渠道政策	在编制销售预算前，企业应明确渠道拓展的重点。例如，企业现在所处的市场为一级市场，那么，是否需要拓展二级、三级市场，拓展会带来什么好处等
6	广告促销政策	广告促销可以影响销售额度和销售费用，企业应关注广告促销的策略，例如，上一年度在哪些方面投入了广告，广告效果如何等
7	销售人员与业绩提成策略	销售人员是否需要优化，薪酬如何改变，激励政策是否需要修正等，这些策略的改变会影响产品的销量和销售成本

3.3.1.3　销售预算的具体内容

销售预算的内容包括销量预算、销售价格预算、销售收入预算、回款预算、销售费用预算、成品期末库存预算等。

3.3.1.4　销售收入预算的编制

编制销售收入预算时，应根据预计销售量和预计销售单价计算出预计的销售收入，具体计算公式如下：

$$预计销售收入 = 预计销售量 \times 预计销售单价$$

销售预算一方面为其他预算提供基础，另一方面，它本身就具有约束和控制企业销售活动的功能。

（1）销售收入预算的编制步骤

销售收入预算的编制步骤，如图3-6所示。

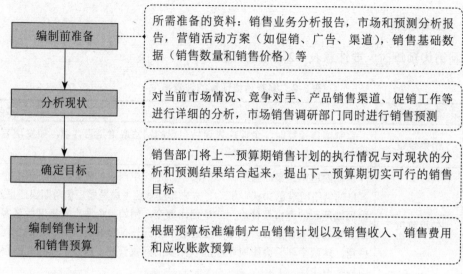

图3-6　销售收入预算的编制步骤

（2）预算表格

编制销售收入预算时，可能用到的表格有销售收入预算表（按年份、季度和品种、客户、地区编制）、应收账款预算表（现金收支预算的依据）、销售收入预算及应收账款预算汇总表等。

🔍【实例1】▶▶▶

销售收入预算表

项目	第一季度	第二季度	第三季度	第四季度	全年
产品1销售量（件）					
产品1销售单价（元）					
产品1销售收入（元）					
产品2销售量（件）					
产品2销售单价（元）					
产品2销售收入（元）					
……					
销售收入合计（元）					

【实例2】▶▶▶

应收账款预算表

内容	年初账面余额（万元）	预算回收（万元）	本年新增金额（万元）	期末余额（万元）	回收率（%）
一、应收账款					
1.一年以内（含一年）					
2.一至三年（含三年）					
3.三年以上					
二、其他应收款					
1.一年以内（含一年）					
2.一至三年（含三年）					
3.三年以上					
三、应收票据					
四、预付账款					
1.一年以内（含一年）					
2.一至三年（含三年）					
3.三年以上					

【实例3】▶▶▶

销售收入预算及应收账款预算汇总表

项目	第一季度	第二季度	第三季度	第四季度	全年
产品1销售量（件） 产品1销售单价（元） 产品1销售收入（元）					
产品2销售量（件） 产品2销售单价（元） 产品2销售收入（元）					
……					
销售收入合计（元）					
年初应收账款金额（元）					
上期销售本期收款数（元）					
本期销售本期收款数（元）					
现金收入合计（元）					

（3）销售数量的预测方法

① 根据目标利润指标确定销售数量

根据目标利润指标，已知单位变动成本、固定成本和销售单价，即可确定销售数量，具体计算公式如下：

$$预算年度销售数量=\frac{目标利润+固定成本}{销售单价-单位变动成本}$$

某公司投资额为6 000万元，预算年度的投资收益率要求达到10%。已知公司产品的销售变动成本率为60%，固定成本为1 500万元，销售单价为5万元，试计算销售数量。

解析： 公司的目标利润=6 000×10%=600（万元）

$$销售数量=\frac{目标利润+固定成本}{销售单价-单位变动成本}$$

$$=\frac{600+1\ 500}{5-(5×60\%)}$$

$$=2\ 100÷2$$

$$=1\ 050（件）$$

销售收入=1 050×5=5 250（万元）

② 根据趋势分析确定销售数量

根据趋势比率中的销售增长率和市场占有率确定销售数量，公式如下：

预算年度销售数量=本年实际销售数量×（1+销售增长率）

或

预算年度销售数量=预算年度市场需求量×（1+市场占有率）

某公司去年实际销售额为8 000万元，本年增长率为15%的可能性为40%，增长率为5%的可能性为30%，不增长的可能性为20%，增长率为-10%的可能性为10%，试计算本年预计销售数量为多少。

解析： 销售数量=[(15%×40%+5%×30%-10%×10%)+1]×8 000=8 520（件）

③ 使用定性分析法确定销售数量

a.主管集体判断法：企业所有主管根据他们的经验和知识，以集体意见代替预测。

b.推销员判断法：又称意见汇集法，是由企业熟悉市场情况和相关信息的管理人员对推销人员调查得来的结果进行综合分析，从而做出预测的方法。

c.专家意见法：专家根据他们的经验和知识对特定产品的未来销售数量进行判断与预测的方法。

d.产品寿命周期分析法：根据产品销售量在不同寿命周期阶段的变化趋势进行销售预测的方法。一般来说，萌芽期产品销量的增长率不稳定，成长期的增长率最高，成熟期的增长率稳定，衰退期的增长率为负数。

综上，销售数量的预测可以从多个方面入手，企业可以先利用趋势分析法预测销售数量，然后同主管或销售人员的判断进行比较，如有较大差异，再进行定性分析。

（4）销售收入预算的编制实例

某公司去年实际销售额（含税）为500万元，销售数量为7 000件，销售单价为500元；本年增长率为15%的可能性为40%，增长率为5%的可能性为30%，不增长的可能性为20%，增长率为−10%的可能性为10%，试计算本年预计销售数量为多少。

解析： 年度预计销售收入 =（15%×40%+5%×30%+0×20%−10%×10%）×

$$500+500$$

$$= 6.5\% \times 500+500$$

$$= 532.5（万元）$$

销售数量 = 5 325 000÷500 = 10 650（件）

假设今年第一季度销售2 500件，第二季度销售2 750件，第三季度销售2 850件，第四季度销售2 550件，销售当季度收现60%，下一季度收完，试编制销售收入预算。

解析：第一季度收现 = 2 500×500×60% = 750 000（元）

期末应收账款 = 1 250 000−750 000 = 500 000（元）

第二季度收现 = 2 750×500×60%+500 000 = 1 325 000（元）

期末应收账款 = 1 375 000−825 000 = 550 000（元）

第三季度收现 = 2 850×500×60%+550 000 = 1 405 000（元）

期末应收账款 = 1 425 000−855 000 = 570 000（元）

第四季度收现 = 2 550×500×60%+570 000 = 1 335 000（元）

期末应收账款 = 1 275 000−765 000 = 510 000（元）

应收账款周转次数 = 销售收入÷企业平均应收账款

$$= 5 325 000÷510 000$$

$$= 10.44（次）$$

据此编制销售收入及应收账款预算汇总表，如下表所示。

销售收入及应收账款预算汇总表

项目	第一季度	第二季度	第三季度	第四季度	全年
销售数量（件）	2 500	2 750	2 850	2 550	10 650
销售单价（元）	500	500	500	500	500
销售收入（元）	1 250 000	1 375 000	1 425 000	1 275 000	5 325 000
本期销售收现（元）	750 000	825 000	855 000	765 000	3 195 000
期初应收账款（元）	0	500 000	550 000	570 000	0
本期收回的应收账款（元）	0	500 000	550 000	570 000	1 620 000
本期收现合计（元）	750 000	1 325 000	1 405 000	1 335 000	4 815 000
期末应收账款（元）	500 000	550 000	570 000	510 000	510 000

3.3.2　生产预算编制

3.3.2.1　编制人员

生产部是生产预算的编制主体，销售部、采购部、工程技术部、仓储部、人力资源部、财务部等部门参与编制。

3.3.2.2　注意问题

在生产预算编制过程中，应注意表3-3所示的事项。

表3-3　编制生产预算的注意事项

序号	注意事项	内容
1	企业现有的产能水平	如果企业现有1 500万吨产能，那么，通过内部改造，产能水平能否提升
2	员工政策	例如，员工的薪资水平会对工作效率产生怎样的影响
3	生产现场工艺水平	生产现场的工艺水平是否需要改善
4	库存政策	（1）库存是为大客户准备的，而不是为所有客户准备的。因为大客户需求量大，能够解决企业60%的销量问题 （2）库存是为畅销品准备的，而不是为销量小的产品准备的。很多企业认为经常生产销量小的产品会浪费生产成本，因此，在库房中存放很多，实际上这种做法反而会导致成本不断上升 （3）库存是为下期销售准备的，因此，预算当期库存要以下期销售为依据进行合理的政策假设

3.3.2.3 生产预算的具体内容

生产预算的特点是，没有金额指标，只有数量指标，所以，是企业整个预算过程中比较特殊的部分，需要重点关注。

（1）产量预算

企业的生产预算通过四个季度来反映，各季度的销量可以从销售预算表中得知，第一季度的期初库存已知，由这两个数字可以计算各季度的期末库存和生产量，并由此计算全年的产量。

（2）产值预算

产值等于产量乘以对应的销售价格。

3.3.3 采购预算编制

3.3.3.1 编制人员

采购预算的编制由采购部门主导，生产部、财务部、工程技术部等部门参与。

3.3.3.2 注意事项

编制采购预算时应注意的事项，如表3-4所示。

表3-4 编制采购预算的注意事项

序号	注意事项	内容
1	物料清单的准确性和完整性	编制采购预算之前，企业要知道预计生产量的直接材料需用量。每种产品都应有一个物料清单，企业可以根据物料清单计算直接材料需用量。随着加工熟练程度的提高，材料的损耗会越来越低，因此，企业应随时关注物料清单的准确性与完整性，并做定期修正
2	生产消耗问题	例如，头尾料变成了废料，企业要把这部分计算在内
3	期末库存	产成品有期末库存，原材料也会有期末库存
4	供应商政策	供应商不同，原材料价格会不同，付款周期也会不同，因此，企业应考虑优化哪些供应商、增加哪些供应商
5	采购价格	采购价格决定采购金额，从而影响资金流出的金额。因此，企业应考虑采购价格的合理性，如果不合理，则需要考虑降低多少
6	付款政策	付款周期影响企业的现金流量，如果大多数企业的负债都是信用负债，即应付账款，那么期限越长，则现金周转的时间就越长
7	期末材料的库存	期末库存可以按照生产预算的原理编制

3.3.3.3 采购预算的具体内容

（1）材料采购预算

企业编制材料采购预算时，可以先利用物料清单算出材料需用量，而第一季度的库存是已知的，由此可以计算得出期末库存。材料的采购单价已知，可以计算出采购金额。采购金额和进项税相加可得出采购总金额。计算出第一季度的采购量和采购总金额之后，就可以推导出其他季度的数值及全年的数值。

🔍【实例4】▶▶

材料采购预算表

项目		第一季度	第二季度	第三季度	第四季度	全年
××	单价（元）					
	数量（件）					
	金额（元）					
××	单价（元）					
	数量（件）					
	金额（元）					
……	……					
合计						

（2）备品备件采购预算

备品备件采购预算，由采购部门根据审核后的备品备件需求计划并结合库存情况编制。

🔍【实例5】▶▶

备品备件采购预算表

项目		第一季度	第二季度	第三季度	第四季度	全年
××	单价（元）					
	数量（件）					
	金额（元）					
××	单价（元）					
	数量（件）					
	金额（元）					
……	……					
合计						

（3）采购费用预算

采购费用预算根据业务需要采取零基预算方式进行编制。

（4）应付账款预算

企业向供应商采购商品，就要做应付账款预算。通常而言，企业可以根据历史数据约定采购支付率（采购支付率＝付款总额÷采购金额），确定采购金额之后，即可计算出付款总额。此外，还应支付上期的应付账款余额，上期应付账余额加上期初的应付账款就是本期支付的总额。

🔍【实例 6】▶▶▶

应付账款预算表

项目	第一季度	第二季度	第三季度	第四季度	全年
原材料采购（件）					
辅助材料采购（件）					
备品备件采购（件）					
采购资金合计（元）					
期初应付账款金额（元）					
上期采购本期付款数（元）					
本期采购本期付款数（元）					
现金支出合计（元）					

3.3.4　生产成本预算编制

3.3.4.1　编制人员

直接材料预算的编制一般由生产部主导，采购部、工程技术部、财务部参与。直接人工预算的编制由生产部主导，人力资源部和财务部参与。制造费用预算的编制由生产部主导，财务部参与。

3.3.4.2　生产成本的组成

一般来讲，产品的成本由料、工、费三部分组成。料指原材料，工指员工工资，费指制造费用。在编制生产成本预算时，这三项内容各不相同，具体如表 3-5 所示。

料、工、费的预算做好了，企业的成本预算也就可以编制了。

表3-5　生产成本的组成

序号	组成部分	说明
1	工 （直接人工）	员工工资的计算比较容易。如果企业采用计件法，用员工生产产品的数量乘以每件产品的生产成本即可；如果企业采用计时法，就应先确定产品的标准工时和员工在标准工时内的工作率
2	费 （制造费用）	制造费用中有些费用比较容易计算，如厂房的折旧、机器的折旧等，但是机物料的消耗、水电费的计算较难。老企业可以在定额的基础上测算出来；刚刚成立的企业不能采用增量预算，而要采用零基预算
3	料 （直接材料）	原材料成本的计算较难，因为，实际计算的成本有可能与预算成本存在一定的误差。计算原材料成本时一般都用倒挤法，即最后一次入库材料的价格乘以期末材料的库存得出期末材料的库存成本，期初、本期入库、本期期末库存都有了，本期的耗用也就可以计算了。倒挤法最大的问题是会把不正常的成本计算在内

3.3.4.3　生产成本预算的具体内容

（1）直接材料预算

直接材料预算以生产预算为基础编制，显示预算期内直接材料数量和金额。直接材料预算要根据生产需要量与预计采购量以及预计原材料库存进行编制，而预计采购量和预计原材料库存的情况要根据企业的生产组织特点、材料采购的方法和渠道进行统一的计划，目的是保证生产均衡、有序地进行，避免直接材料库存不足或过多，影响资金运用效率和生产效率。材料预计数量的计算公式如下：

$$\text{材料预计数量} = \text{预计生产量} \times \text{单位产品的材料需用量} + \text{预计期末库存} - \text{预计期初库存}$$

🔍【实例7】▶▶▶

××产品直接材料A预算表

项目	第一季度	第二季度	第三季度	第四季度	全年
预计生产量（件） 产品单耗（元）					
预计生产需要量（件） 　加：期末库存 　减：期初库存					
预计需要量合计（件） 材料计划单价（元）					
直接材料预算（元）					

【实例8】▶▶▶

直接材料汇总表

项目	第一季度	第二季度	第三季度	第四季度	全年
材料A数量（件）					
材料A单价（元）					
材料A金额（元）					
材料B数量（件）					
材料B单价（元）					
材料B金额（元）					
……					
材料金额合计（元）					
年初应付账款金额（元）					
上期采购本期付款数（元）					
本期采购本期付款数（元）					
现金支出合计（元）					

（2）直接人工预算

直接人工预算以生产预算为基础进行编制，基本计算公式如下：

$$预计所需直接人工总工时＝预计产量×单位产品直接人工工时$$

【实例9】▶▶▶

××产品直接人工预算表

项目	第一季度	第二季度	第三季度	第四季度	全年
预计生产量（件）					
单位产品直接人工工时（小时）					
需用直接人工工时（小时）					
每小时工资率					
直接人工成本（元）					

（3）制造费用预算

制造费用是指除直接材料和直接人工费用之外的，为生产产品而发生的间接费用。

制造费用各项目不存在易于辨认的投入产出关系，其预算需要根据生产水平、管理者的意愿、企业长期生产能力、企业制度和国家的税收政策等外部因素进行编制。

考虑到制造费用的复杂性，为简化预算的编制，通常将制造费用分为变动性制造费用（通常包括动力、维修、间接材料与人工等费用，计算变动性制造费用的关键在于确认哪些是可变项目）和固定性制造费用（通常包括厂房和机器设备的折旧、租金、财产税和一些车间的管理费用，它们支撑着企业总体的生产经营能力，一旦形成，短期内就不会改变）两大类，并采用不同的预算编制方法。

预计制造费用的计算公式如下：

预计制造费用＝预计变动性制造费用＋预计固定性制造费用

＝预计业务量×预计变动性制造费用分配率＋预计固定性制造费用

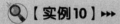 【实例10】 ▶▶▶

制造费用预算表

单位：元

项目		月份						年度预算	数据来源
		1月	2月	3月	4月	5月	……	12月		
固定性费用	固定资产折旧									
	工资									
	无形资产摊销									
变动性费用	劳保用品									
	物料消耗									
	货运费									
	检测费									
	差旅费									
	修理费									
	工具费									
	取暖费									
	动力费（电费）									
	动力费（天然气）									
	低值易耗品摊销									
	福利费									
	办公费									
	其他费用									
总计										

3.3.5　运营成本预算编制

运营成本预算包括销售费用预算、财务费用预算和管理费用预算。销售费用预算由销售部编制，财务费用预算由财务部编制，管理费用预算由销售部和生产部以外的其他部门编制。

在编制运营成本预算时，企业应注意确认哪些费用是现金费用，哪些是非现金费用。

3.3.5.1　销售费用预算

销售费用预算由销售部门根据目标利润增加或减少的比例来确定。

（1）企业内部各部门根据企业的生产经营目标，详细讨论计划期内应该发生的费用项目，并针对每一费用项目编写一套方案，明确费用开支的目的。

（2）销售费用预算分为变动销售费用预算和固定销售费用预算两部分。

① 变动销售费用一般包括销售佣金、运输费用、包装费用等，计算公式如下：

$$变动销售费用 = 销售收入 \times 预算比例$$

② 固定销售费用包括约束性费用、标准化费用、选择性费用和项目费用，具体如图3-7所示。

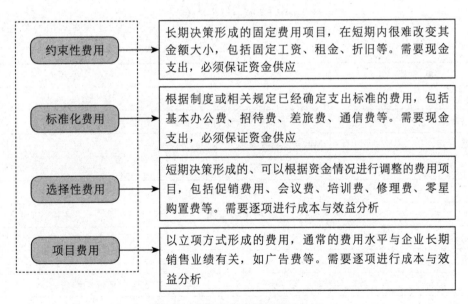

图3-7　固定销售费用的具体内容

（3）销售费用预算的编制方法。约束性费用采用增量预算法，标准化费用采用标准法，选择性费用采用零基预算或增量预算法，项目费用则根据项目明细和项目可行性分析编制。

（4）需要重点控制的销售费用，如图3-8所示。

广告和促销费用占销售费用的比例很大，企业应严加控制。销售部门可提前编制广告和促销计划，向管理层证明广告和促销的合理性，并在此基础上编制广告和促销费用预算

主要包括销售部门人员的办公费用、差旅费、通信费、业务招待费、培训费和销售佣金等，这些费用涉及面广，存在很大变数，可以考虑采用定额标准进行测算，或者根据变动和固定销售费用的成本分析，按照销售收入的一定比例确定

需要考虑的问题 👉 例如，确定销售佣金不超过销售数额的百分比，且要有正规发票；广告费比例不超过营业收入（主营业务收入+其他业务收入）的百分比

图3-8 需要重点控制的销售费用

（5）编制销售费用预算表。以下为销售费用预算的实例，供读者参考。

【实例11】▶▶

销售费用预算表

金额单位：万元

项目	预算方法/标准	备注
变动费用		
销售佣金	弹性预算/销售合同价×__%	小于等于5%
包装费用	弹性预算/销售收入×____%	
运杂费用	弹性预算/销售收入×____%	
固定费用		
约束性费用		
部门人员工资及福利费	零基预算	人力资源部确定人员及工资标准
租金	零基预算	合同
固定资产折旧	零基预算	根据资产情况和折旧标准确定
标准化费用		
招待费	零基预算：销售收入×____%	按标准，总量控制
差旅费	增量预算：基期×（1+____%）	按标准，总量控制
通信费	增量预算：基期×（1+____%）	按标准，总量控制
基本办公费（含维修费用）	增量预算：基期×（1+____%）	固定资产折旧

续表

项目	预算方法/标准	备注
选择性费用		
培训费用	零基预算	根据成本与效益分析，确定数额
会议费用	零基预算	根据成本与效益分析，确定数额
促销费用	零基预算	根据成本与效益分析，确定数额
项目性费用		
广告费	零基预算	可行性报告
合　计	等于或小于目标销售费用	

3.3.5.2　财务费用预算

财务费用预算是对企业在预算期内筹集生产经营所需资金等发生的费用进行的预计。

🔍【实例12】▶▶▶

财务费用预算表

编制单位：　　　　　预算期间：＿＿＿年1月1日至＿＿＿年12月31日　　　　金额单位：万元

序号	预算项目	预算科目	1月	2月	3月	……	12月	合计
1	存款利息收入	利息净支出						
2	外购银行承兑汇票利息收入	银行承兑汇票贴现净支出						
3	银行承兑汇票贴现支出	银行承兑汇票贴现净支出						
4	贷款利息支出	利息净支出						
5	拆借利息支出	利息净支出						
6	结算手续费	银行手续费						
7	担保费	担保费						
8	其他	其他						
	合计							

单位负责人：　　　　　预算编制人：　　　　　预算编制时间：

3.3.5.3　管理费用预算

管理费用可视为固定费用，其预算的编制应当采用零基预算法，即先由各职能部门编制相关业务计划，然后根据费用列支标准测算编制各部门的预算，最后汇总编制企业的管理费用预算。

（1）编制管理费用预算应注意的问题

① 管理费用预算数额：根据目标利润增加或减少的比例来确定管理费用预算数额。

② 一般情况下，管理费用中相对固定的费用均要有一定的降幅。如果固定费用部分增加，就需要管理者详细解释增加的原因。

③ 管理费用可以分为人员经费、业务支出和日常支出。管理费用占营业收入的比例越低，表明企业费用的控制能力越强，行政管理的效率越高。

④ 重点管理费用项目的控制标准，如表3-6所示。

表3-6　重点管理费用项目的控制标准

序号	费用项目		控制标准
1	招待费		按实际发生额的__%且不高于销售收入的__‰报销，超出部分不允许税前扣除。各业务部门的招待费应控制在各部门完成业务收入的__‰之内，由部门经理视情况而定；行政职能部门的招待费按照企业分配的指标使用，由财务经理视情况而定；分公司的招待费应控制在完成业务收入的__‰之内，由分公司经理视情况而定
2	差旅费	住宿	副经理及以上级别人员的住宿标准为____元/天；业务主管为____元/天；业务员为____元/天；确因需要，住宿标准超过____元/天的，报财务总监批准后方可报销
		出差补助	按每天____元补助，时间为出差起止日期
		市内交通费用	标准为每天____元，按票据报销
		其他杂费	标准为每天____元，按票据报销
		车船票	按出差往返地点、里程，凭票据核准报销
3	会务费		需要地点、时间、人员、标准和会议内容等资料；没有标准，据实税前扣除
4	研发费用		销售收入在_____万元以下，研发费用比例定为__%；销售收入为____万元~____亿元，研发费用比例定为__%；销售收入为__亿元以上，研发费用比例定为__%
5	销售费用总预算		根据目标利润增加或减少的比例确定

（2）管理费用预算的编制步骤

管理费用预算采用零基预算法编制，具体编制步骤如图3-9所示。

企业内部各部门根据企业的生产经营目标，详细讨论计划期内应该发生的管理费用项目，并针对每个费用项目编写一套方案，提出费用开支的目的和需要开支的费用数额

 管理费用分为约束性管理费用项目和酌量性管理费用项目。在编制预算时，约束性费用项目必须保证资金供应，酌量性费用项目则需要逐项进行成本与效益分析。约束性管理费用包括管理人员工资、社会保险费、基本办公费、资产折旧、房屋租金、财产保险费、应缴税费等；酌量性管理费用包括差旅费、培训费、招待费、研发费等

③ 划分不可延缓费用项目和可延缓费用项目。在编制预算时，应将预算期内可供支配的资金数额在各费用之间进行分配，应优先安排不可延缓费用项目的支出，然后再根据需要，按费用项目的轻重缓急确定可延缓项目的开支

图 3-9　管理费用预算的编制步骤

3.3.6　资本支出预算编制

资本支出预算包括内部投资预算、外部投资预算和投资收益预算，其中，投资收益预算会影响企业的利润，内部投资预算和外部投资预算会影响现金预算。

【实例 13】▶▶▶

资本性支出预算表

编制单位：××有限公司　　　　　　　　　　　　　　　　　　　　单位：万元

资本性支出项目	1月	2月	3月	4月	5月	6月	7月	8月	9月	10月	11月	12月	全年合计	预算说明（必须填写，可另附明细表格）
一、购置土地														
二、购入其他无形资产														
三、新建工程支出														
仓管部														
生产部														
四、工程待摊性支出														
1.工程管理费														
2.征地费用														
3.可行性研究费用														

续表

资本性支出项目	1月	2月	3月	4月	5月	6月	7月	8月	9月	10月	11月	12月	全年合计	预算说明（必须填写，可另附明细表格）
4.临时设施费														
5.公证费														
6.监理费														
7.有关税费														
8.其他														
五、购买工程物资														
六、购买设备														
1.IT通用设备														
行政部														
财务部														
营销部														
2.专用设备(生产有关设备)														
品管部														
仓管部														
生产部														
3.运输设备														
行政部														
4.其他设备(空调等办公设备)														
行政部														
品管部														
财务部														
营销部														
七、工程利息资本化														
八、原有工程技术改造														
生产部														
九、研发费用资本化														
十、对外投资														
十一、支付前期资本支出款项														
合计														

3.3.7　现金预算编制

现金预算是反映企业在预算期内现金流转情况的预算，也是全部经营活动中现金收支情况的汇总反映。

企业编制现金预算的目的有两个：一是确认预算期的现金期末水平；二是发现异常，提前解决问题。现金预算包括现金收入、现金支出和现金余缺（结余或短缺）三项内容。

现金收入包括预算期初现金余额和预算期内发生的现金收入，如销售收入、应收账款收回、票据贴现等。

现金支出包括预算期内发生的各项现金支出，如支付材料采购款、支付工资、支付制造费用、支付销售及管理费用、缴纳税金、支付股利、资本性支出等。

现金余缺是预算期内每一期可动用现金数与现金支出数的差额。企业可根据现金余缺情况，采用适当的融资方式来调节现金余缺。

🔍【实例14】▶▶▶

现金预算表

项目	第一季度	第二季度	第三季度	第四季度	全年
期初现金余额 加：现金收入					
可动用现金合计					
减：现金支出 采购直接材料 支付直接人工费 支付制造费用 支付销售及管理费 购置固定资产 缴纳税金 发放股利					
现金支出合计					
现金结余（短缺）					
借入现金 归还借款 支付利息					
期末现金余额					

3.3.8　预计报表编制

3.3.8.1　预计损益表

预计损益表反映了预算期内企业的经营成果。可将汇总后的税后净收益与目标利润进行比较，如有差距，应进行单一项目或综合性调整，以争取达到或超过目标利润。

预计损益表主要依据销售预算、制造费用预算、单位生产成本预算、期末存货预算、销售及管理费用预算、有关的专门决策预算和现金预算编制。

【实例15】 ▶▶

预计损益表

编制单位：××公司　　　　　　　　　　××年度　　　　　　　　　　单位：元

项目	行次	预算金额
一、营业收入	1	
减：营业成本	2	
营业税费	3	
销售费用	4	
管理费用	5	
财务费用	6	
资产减值损失	7	
加：公允价值变动收益（损失以"−"号填列）	8	
投资收益（损失以"−"号填列）	9	
资产处置收益（损失以"−"号填列）	10	
二、营业利润（亏损以"−"号填列）	11	
加：营业外收入	12	
减：营业外支出	13	
三、利润总额（亏损总额以"−"号填列）	14	
减：所得税费用	15	
四、净利润（净亏损以"−"号填列）	16	
五、每股收益：	17	
（一）基本每股收益	18	
（二）稀释每股收益	19	

制表人：

3.3.8.2 预计资产负债表

由于预计资产负债表的编制较为困难，且对实际工作的指导意义不大，建议企业根据实际情况编制预计资产负债表。

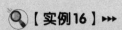【实例16】▶▶▶

预计资产负债表

编制单位：××公司　　　　　　　　　　××年度　　　　　　　　　　单位：元

资产	行次	期末余额	负债和所有者权益（或股东权益）	行次	期末余额
流动资产：	1		**流动负债：**	31	
货币资金	2		短期借款	32	
交易性金融资产	3		交易性金融负债	33	
应收票据	4		应付票据	34	
应收账款	5		应付账款	35	
预付账款	6		预收账款	36	
应收股利	7		应付职工薪酬	37	
应收利息	8		应交税费	38	
其他应收款	9		应付利息	39	
存货	10		应付股利	40	
一年内到期的非流动资产	11		其他应付款	41	
其他流动资产	12		一年内到期的非流动负债	42	
流动资产合计	13		其他流动负债	43	
非流动资产：	14		流动负债合计	44	
其他债权投资	15		**非流动负债：**	45	
其他权益工具投资	16		长期借款	46	
投资性房地产	17		应付债券	47	
长期股权投资	18		长期应付款	48	
长期应收款	19		专项应付款	49	
固定资产	20		递延所得税负债	50	
在建工程	21		其他非流动负债	51	
工程物资	22		非流动负债合计	52	
无形资产	23		负债合计	53	

续表

资产	行次	期末余额	负债和所有者权益（或股东权益）	行次	期末余额
开发支出	24		**所有者权益（或股东权益）：**	54	
商誉	25		实收资本（或股本）	55	
长期待摊费用	26		资本公积	56	
递延所得税资产	27		盈余公积	57	
其他非流动资产	28		未分配利润	58	
非流动资产合计	29		减：库存股	59	
资产总计	30		所有者权益（或股东权益）合计	60	
			负债和所有者（或股东权益）合计	61	

制表人： 责任人：

3.3.8.3 预计现金流量表

预计现金流量表按照现金流量表主要项目内容和格式编制，是反映企业预算期内一切现金收支及结果的预算。

🔍【实例17】▸▸▸

预计现金流量表

编制单位：××公司 　　　　　　　　××年度 　　　　　　　　单位：元

项目	行次	预算金额
一、经营活动产生的现金流量：	1	
销售商品、提供劳务收到的现金	2	
收到的税费返还	3	
收到的其他与经营活动有关的现金	4	
经营活动现金流入小计	5	
购买商品、接受劳务支付的现金	6	
支付给职工以及为职工支付的现金	7	
支付的各项税费	8	
支付的其他与经营活动有关的现金	9	

续表

项目	行次	预算金额
经营活动现金流出小计	10	
经营活动产生的现金流量净额	11	
二、投资活动产生的现金流量:	12	
收回投资收到的现金	13	
取得投资收益收到的现金	14	
处置固定资产、无形资产和其他长期资产收回的现金净额	15	
处置子公司及其他营业单位收到的现金净额	16	
收到的其他与投资活动有关的现金	17	
投资活动现金流入小计	18	
购建固定资产、无形资产和其他长期资产支付的现金	19	
投资支付的现金	20	
取得子公司及其他营业单位支付的现金净额	21	
支付的其他与投资活动有关的现金	22	
投资活动现金流出小计	23	
投资活动产生的现金流量净额	24	
三、筹资活动产生的现金流量:	25	
吸收投资收到的现金	26	
取得借款收到的现金	27	
收到的其他与筹资活动有关的现金	28	
筹资活动现金流入小计	29	
偿还债务支付的现金	30	
分配股利、利润或偿付利息支付的现金	31	
支付的其他与筹资活动有关的现金	32	
筹资活动现金流出小计	33	
筹资活动产生的现金流量净额	34	
四、汇率变动对现金的影响	35	
五、现金及现金等价物净增加额	36	
加：期初现金及现金等价物余额	37	
六、期末现金及现金等价物余额	38	

续表

补充资料	行次	预算金额
1.将净利润调节为经营活动现金流量：	39	
净利润	40	
加：资产减值准备	41	
固定资产折旧、油气资产折耗、生产性生物资产折旧	42	
无形资产摊销	43	
长期待摊费用摊销	44	
处置固定资产、无形资产和其他长期资产的损失（收益以"－"号填列）	45	
固定资产报废损失（收益以"－"号填列）	46	
公允价值变动损失（收益以"－"号填列）	47	
财务费用（收益以"－"号填列）	48	
投资损失（收益以"－"号填列）	49	
递延所得税资产减少（增加以"－"号填列）	50	
递延所得税负债增加（减少以"－"号填列）	51	
存货的减少（增加以"－"号填列）	52	
经营性应收项目的减少（增加以"－"号填列）	53	
经营性应付项目的增加（减少以"－"号填列）	54	
其他	55	
经营活动产生的现金流量净额	56	
2.不涉及现金收支的重大投资和筹资活动：	57	
债务转为资本	58	
一年内到期的可转换公司债券	59	
3.现金及现金等价物净变动情况：	60	
现金的期末余额	61	
减：现金的期初余额	62	
加：现金等价物的期末余额	63	
减：现金等价物的期初余额	64	
现金及现金等价物净增加额	65	

制表人：   责任人：

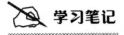 **学习笔记**

请对本章的学习做一个小结，将你认为的重点事项和不懂事项分别列出来，以便进一步学习、提升。

本章重点事项
1. _____
2. _____
3. _____
4. _____
5. _____
6. _____
7. _____
本章不懂事项
1. _____
2. _____
3. _____
4. _____
5. _____
6. _____
7. _____
个人心得
1. _____
2. _____
3. _____
4. _____
5. _____
6. _____
7. _____

第4章
成本控制

 学习目标：

    1.了解成本和成本的形成过程，掌握成本控制的全过程及方法、基本程序。

    2.掌握成本管理的基础工作以及要求、方法。

    3.掌握产品生命周期成本的构成及各产品阶段降低成本的措施。

    4.了解什么是目标成本和目标成本管理，掌握目标成本管理的原则和管理的关键措施。

    5.了解传统成本管理的缺陷，掌握成本管理信息化的益处、关键环节，以及ERP系统的相关知识。

4.1　成本与成本控制概述

企业要想在日益激烈的市场竞争中谋求经济利益，就要精打细算，加强成本控制，努力寻求各种降低成本的有效途径和方法，提升自己的竞争优势。

4.1.1　什么是成本

成本是企业生产、销售商品和提供劳务所发生的各种耗费和支出，其组成如图4-1所示。

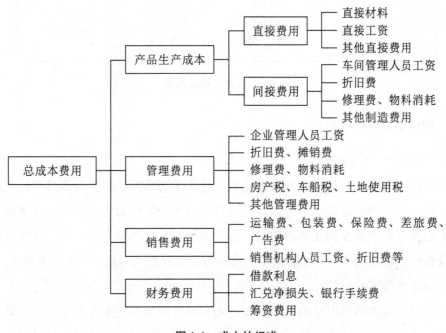

图4-1　成本的组成

4.1.2　成本的形成

成本的形成过程，如图4-2所示。

4.1.3　成本的控制

成本控制，是以预先确定的成本（计划成本、定额成本或标准成本）为依据，对生产和销售一定数量的产品所发生的物资耗费、劳动耗费和其他费用支出进行严格的管理和监督，以达到降低成本、提高经济效益的目的。成本控制工作始于产品的设计阶段，贯穿于生产经营的全过程。

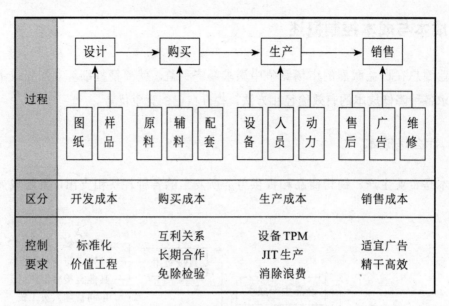

图 4-2　成本的形成过程

4.1.3.1　按成本形成过程划分

（1）产品投产前的控制

这部分控制内容主要包括产品设计成本、加工工艺成本、物资采购成本、生产组织方式、材料定额与劳动定额水平等。这些内容对成本的影响最大，产品总成本很大一部分取决于这个阶段成本控制工作的质量。投产前的控制是事前控制方式，在控制活动实施时还没有发生真实的成本，但它决定了成本将会怎样发生以及产品的成本水平。

（2）制造过程中的控制

制造过程是成本实际形成的主要阶段。绝大部分的成本支出都发生在这个阶段，包括原材料、人工、能源动力、各种辅料的消耗，工序间物料运输费用，车间以及其他管理部门的费用支出等。投产前控制的种种方案设想、控制措施能否在制造过程中贯彻实施，大部分控制目标能否实现，都和这个阶段的控制活动紧密相关。制造过程中的控制是事中控制方式，由于很难及时获得成本控制的核算信息，事中控制也就会遇到很多困难。

（3）流通过程中的控制

流通过程中的控制包括产品包装、厂外运输、广告促销、销售机构开支和售后服务等费用的控制。

4.1.3.2　按成本费用的构成划分

按成本费用的构成划分，其控制项目与关键要点如表 4-1 所示。

表4-1 控制项目与关键要点

控制项目	成本分析	控制的关键要点
原材料成本控制	在制造业中，原材料成本占总成本的比重很大，一般在60%以上，最高可达90%，是成本控制的主要对象。影响原材料成本的因素有采购、库存、生产消耗、回收利用等	控制活动可从采购、库存管理和消耗三个环节着手
工资费用控制	工资在成本中占有一定的比重，增加工资是不可逆转的。控制工资与效益同步增长，减少单位产品中工资的比重，对于降低成本有重要意义	控制工资费用的关键在于提高劳动生产率，这与劳动定额、工时消耗、工时利用率、工作效率、工人出勤率等因素有关
制造费用控制	制造费用的开支项目有很多，主要包括折旧费、修理费、辅助生产费、车间管理人员工资等。虽然它在成本中所占比重不大，但由于不引人注意，浪费现象十分普遍，因而是不可忽视的一项内容	加强统计与分析
企业管理费控制	企业管理费是指为管理和组织生产所发生的各项费用，其开支项目非常多，也是成本控制中不可忽视的内容	上述内容都是对绝对量的控制，即在产量固定的假设条件下，使各种成本开支得到控制。在现实系统中，还要达到控制单位产品成本的目标

4.1.3.3 成本控制的方法

加强和改进成本费用的内部控制是企业的一项重要任务，企业应从以下几方面改变成本费用内部控制的现状，摆脱成本费用居高不下的困境。

（1）全面管理

间接成本在总成本费用中的比例不断加大，企业要取得产品成本优势，同时获得经济效益，就不能仅仅局限于制造过程成本的控制，还应扩展到整个产品生命周期的成本控制，如设计研发成本、设备运行维护成本、材料采购成本和存货仓储成本，以及企业为组织、管理生产经营活动而发生的各项费用等。

（2）实施事前控制

成本控制的关键在于制定和建立目标成本指标体系。

目标成本指标需要经过多次测算，从目标利润中选出最佳方案。首先，以市场为依托，依据市场行情、各类产品的需求趋势、本企业的资源状况、产品的使用价值及功能计量测算出具有竞争力的产品的最优销价；然后，通过产品销售市场调查，测算本期目标销售收入，优先扣除缴纳的税金，预测分析有关经济信息，制定产品销售目标利润；最后，依据公式"产品单位目标成本=产品单位售价−产品单位目标利润"，拟定企业的目标成本指标。但这并不是最后确定的目标成本指标，财务人员还应在有关人员的配合下，根据企业的生产能力、技术水平、设备水平、材料供应渠道以及价格水平等具体情况，进行测算、分析、比较。如果所得成本超过拟定的目标成本，则要进行调整或重新设定。

（3）避免无效成本

企业为了实现目标成本、落实责任制度，应尽可能地避免无效成本的发生。

第一，企业应强化监督职能，技术监督由工艺、质检等部门负责，经济监督由财务、审计等部门负责，而纪律监督则由人力资源、行政等部门负责。各部门各司其职，分工明确。

第二，加强物资管理，定期组织有关人员对各车间物资管理及仓库保管工作进行检查，要定期盘点和不定期抽查相结合，做到证、账、物相符，避免物资流失。同时，监督物资流向，推行限额领料制度，剩余材料要及时退库，以防丢、毁、损等现象的发生。特殊物资管理要责任到人，避免挪作他用而造成浪费。

第三，资源闲置浪费和产品积压造成贬值也是成本居高不下的主要因素之一，企业现代化管理制度应为充分利用资源创造条件，合理规划库存量。

① 通过对库存情况进行全面系统的清查，制定物资调剂、结账和限购措施。对一些闲置物资进行处理，盘活闲置资产。对企业中闲置和利用率低的固定资产，包括厂房、土地、设备，尽量做到物尽其用。

② 企业应根据生产需要增减人员和固定资产，实行人员和设备合理配置。先规划出理想的人机比例关系，然后通过分析现有人员的技术层次及现有的技术装备水平，实现人机的合理配置，防止人员或机器闲置。

③ 把"零库存"作为库存管理的指导思想，按照以销定产、以产定购的方法合理安排库存量，使其达到最优，以避免不必要的仓储管理成本和可能发生的意外损失。

4.1.3.4　成本控制的基本程序

生产过程中的成本控制，就是在产品的生产过程中对形成成本的各种因素按照事先拟定的标准加以严格监督，发现偏差时立即采取措施加以纠正，从而把生产过程中各项资源的消耗和费用开支限制在标准规定的范围之内。成本控制的基本程序如下：

（1）制定成本标准

成本标准是成本控制的准绳，首先要包括成本计划中规定的各项指标。但成本计划中的一些指标是综合性的，还不能满足具体控制的要求，这就有必要设定一系列具体的标准。确定成本标准的方法大致有三种，具体如图4-3所示。

企业在采用图4-3所示方法确定成本控制标准时，应进行充分的调查研究和科学计算，同时还要正确处理成本指标与其他技术经济指标的关系（如和质量、生产效率的关系），依据总体目标，综合平衡，必要时还可制定多种方案以便择优选用。

计划指标分解法是指将大指标分解为小指标。分解时，可以按部门、单位分解，也可以按不同产品的工艺阶段或零部件进行分解。如需要更细致一点，还可以按工序进行分解

预算法就是用编制预算的办法来制定控制标准。有的企业是根据季度生产销售计划来编制较短期（如月份）的费用开支预算，并把它作为成本控制的标准。采用这种方法要根据实际编制预算

定额法就是建立定额和费用开支限额，依据定额和限额进行成本控制。在企业运营中，凡是能建立定额的地方都应把定额建立起来，如材料消耗定额、工时定额等。实行定额控制有利于实现成本控制的具体化和经常化

图 4-3　制定成本标准的方法

（2）监督成本的形成

根据控制标准，企业要经常对形成成本的各个专案进行检查、评比和监督，不仅要检查指标本身的执行情况，还要检查和监督影响指标的各项条件，如设备、工艺、工具、工人技术水平、工作环境等。所以，成本日常控制要与生产作业控制等结合起来。

生产费用的日常控制方法，如图 4-4 所示。

材料费用的日常控制

车间施工员和技术检查员要督促工人按图纸、工艺、工装要求进行操作，并对首件进行检查，以防成批报废。车间设备员要按工艺规程监督设备维修和使用情况，不符合要求的设备，不能开工生产。供应部门材料员要按规定的品种、规格、材质实行限额发料，并监督领料、补料、退料等制度的执行。生产调度人员要控制生产批量，合理下料，合理投料，并监督期量标准*的执行。车间材料费的日常控制一般由车间材料核算员负责，核算员要经常收集材料、分析对比、追踪异常的原因，并会同有关部门和人员提出改进措施

工资费用的日常控制

主要指车间劳资员对生产现场的工时定额、出勤率、工时利用率、劳动组织的调整、奖金、津贴等进行监督和控制。此外，生产调度人员要监督车间内部作业计划的合理安排，要合理投产、合理派工，控制窝工、停工、加班、加点等现象。车间劳资员（或定额员）负责对上述有关指标进行控制和核算，并分析偏差，找出偏差的原因

图 4-4

间接费用的
日常控制

企业管理费、车间经费的管理方案有很多，发生差异的情况也各不相同。因此，有定额的应按定额控制，没有定额的按各项费用预算进行控制，例如，采用费用开支手册、企业内费用券（又叫本票、企业内流通券）等形式来实行控制。各个部门、车间、班组分别由有关人员负责控制和监督，并提出改进意见

*期量标准又称作业计划标准，是指为制造对象在生产期限和生产数量方面所规定的标准数据。先进、合理的期量标准是编制生产作业计划的重要依据，也是保证生产配套性、连续性以及充分利用设备能力的重要条件。

图4-4　生产费用的日常控制方法

图4-4所示各生产费用的日常控制不仅要有专人负责和监督，而且要使费用发生的执行者实行自我控制，并在责任制中加以规定，这样才能调动全体员工的积极性。

（3）及时纠正偏差

针对成本差异发生的原因，企业应查明责任，分情况，按轻重缓急提出改进措施并贯彻执行。对于重大差异的纠正，一般采用图4-5所示的程序。

第一步 | 提出课题。通过分析成本超支的原因，提出降低成本的课题。这些课题首先应当是成本降低潜力大、各方关心、可能实行的专案。提出的课题应包括课题的目的、内容、提出的理由、预期达到的经济效益等

第二步 | 讨论和决策。课题选定以后，应发动有关部门和人员进行广泛的研究和讨论。对重大课题要提出多种解决方案，并对各种方案进行对比分析，从中选出最优方案

第三步 | 确定方案。明确实施的方法、步骤及负责执行的部门和人员

第四步 | 贯彻执行确定的方案。在执行过程中要及时进行监督、检查。在方案实施以后，还要检查方案实施后的经济效益，衡量其是否达到了预期的目标

图4-5　重大差异专案的纠正

4.2　夯实成本管理的基础工作

4.2.1　定额制定

定额是企业在一定生产技术水平和组织条件下，人力、物力、财力等各种资源的消耗能达到的数量界限，主要有材料定额和工时定额。成本管理主要涉及消耗定额的制定，只有制定出消耗定额，企业才能更好地进行成本管理。工时定额的制定主要依据各

地区收入水平、企业工资战略、人力资源状况等因素。在现代企业管理中，人力成本越来越高，工时定额就显得特别重要。在工作实践中，根据企业生产经营特点和成本控制的需要，企业可能还要制定动力定额、费用定额等。

定额制定是成本管理基础工作的核心，建立人工包干制度、控制工时成本、控制制造费用等，都需要定额，没有科学准确的定额，企业就难以控制生产成本。同时，定额也是企业进行成本预测、决策、核算、分析、分配的主要依据。

4.2.2　标准化工作

标准化工作是现代企业管理的基本要求，也是企业正常运行的基本保证。它促使企业的生产经营活动和各项管理工作实现合理化、规范化、高效化，是成功管理成本的基本前提。在成本管理过程中，企业需做好四项标准化工作，如图4-6所示。

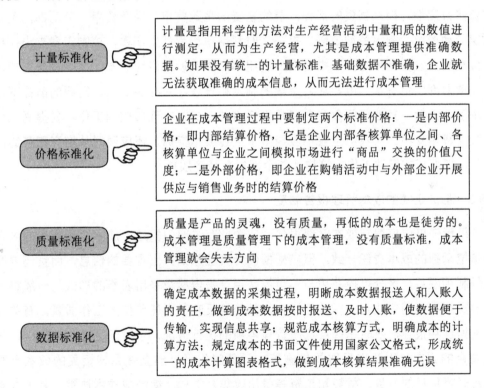

图4-6　成本管理的四项标准化工作

4.2.3　成本管理制度建设

企业运行的基本保证有两个：一是制度建设；二是文化建设。制度建设是根本，文化建设是补充。没有制度建设，企业就不能固化成本管理流程，也不能保证成本管理质量。

4.2.3.1　制定成本管理制度

企业应在产品生产之前，对影响成本的因素进行分析研究，制定出一套适合企业具体情况的成本管理制度，并将各项经济指标层层细化，分解到各责任部门。同时，企业还应制定可控费用的管理办法，做到硬指标、硬任务和奖罚激励措施并举，以增强广大员工战胜困难的信心，使员工积极参与成本管理。该制度应尽可能制定得可以衡量、具体且可以考核，如果不能衡量差异，就不能界定成本管理结果的好坏。该制度应抓住关键点，而且数目不宜太多，要便于实施。

4.2.3.2　建立成本管理的归口责任制度

在成本管理的归口责任制度下，各职能部门在成本管理和控制方面分别承担一定的责任。其中，生产部门负责生产任务的安排、下达，并保证完成产量；供销部门负责制定物资储备定额，控制物资的消耗，节约物资的采购费用、保管费用；劳动部门负责合理组织劳动资源，制定劳动定额，提高工时利用率和劳动生产率，控制工资支出；机电部门负责制定设备利用定额，提高设备利用率，降低设备修理成本，减少设备维护保养费用；动力部门负责水、电等动力定额的制定和管理，并在保证生产需要的前提下，努力控制动力消耗；其他部门负责与自身责任有关的成本管理和控制工作，要提高工作效率，减少费用支出。当然，企业不应局限于上述成本指标，还应同时从增产和节约两方面着手，抓好成本管理工作，这样才能全面提高经济效益。

4.2.3.3　形成正式的成本管理报告制度

各级责任单位应编制成本管理报告，向企业有关部门报送。成本管理报告的内容同责任单位承担的成本责任一致，但应根据例外管理原则突出重要的信息，而且还要同岗位责任制相联系，区分可控费用与不可控费用。报告尽量采用表格的形式，一般将责任单位的实际消耗同应达到的标准相比较，其差异反映了责任单位的工作质量。有关人员可以根据这种报告，及时掌握自己所管理事项的执行情况，了解问题产生的原因，确定深入调查的方向，以及应采取的措施等。财务部门可以建立并完善相关的成本台账制度，及时将每月的产量、材耗和工资等费用收集、汇总，编制成本快报，并把成本管理贯穿于生产经营和投入产出的全过程，提高事前和事后的成本监控能力，为企业管理者的决策提供翔实和准确的依据。

4.2.3.4　建立奖惩制度，使各责任单位的工作与物质利益紧密结合

企业应把责任成本指标纳入考核范围，按照"责、权、利"相结合和"多节多奖、少节少奖、不节不奖、超支罚款"的原则进行考核。同时，健全奖惩机制，促使全员

积极参与。此外，企业还可以根据不同的需求设定不同的激励方式，例如，对于普通员工，可采取浮动工资的办法进行激励；对于中层领导，则以业绩考核为主，辅以精神鼓励和一定的物质奖励。

4.3　全过程——LCC 生命周期成本

4.3.1　生命周期成本的基本概念

生命周期成本（life cycle cost，LCC），也称为生命周期费用，它是指产品在有效使用期间发生的与该产品有关的所有成本，包括产品设计成本、制造成本、采购成本、使用成本、维修保养成本、废弃处置成本等，如图4-7所示。

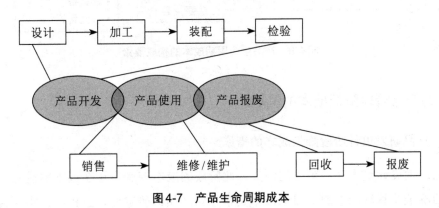

图4-7　产品生命周期成本

4.3.2　产品生命周期成本的构成

产品生命周期分为四个阶段，即产品研发设计阶段、产品生产阶段、产品营销阶段和产品使用维护阶段。

产品生命周期成本在不同阶段的具体构成要素如下：

（1）产品研发设计阶段。此阶段的成本包括企业研究开发新产品、新技术、新工艺所产生的新产品设计费、工艺规程制定费、设备调试费、原材料和半成品试验费等。

（2）产品生产阶段。此阶段的成本包括企业在生产采购过程中所产生的料、工、费，以及由此引发的社会责任成本。

（3）产品营销阶段。一种产品是逐步进入市场，逐步被人们认识和接受的，产品营销阶段的成本包括在此过程中产生的产品试销费、广告费等。

（4）产品使用维护阶段。此阶段的成本包括产品的使用成本和维护成本。此外，还包括因产品报废而产生的处置成本。

总而言之，产品生命周期成本的构成要素如图4-8所示。

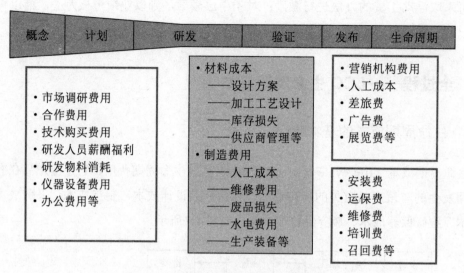

图4-8　产品生命周期成本的构成要素

4.3.3　各产品阶段降低成本的措施

4.3.3.1　产品研发设计阶段降低成本的措施

产品研发设计是生产、销售的源头，此阶段的成本控制应重在成本的避免。企业可以引进目标成本管理的思想。目标成本是指在新产品的研发设计过程中为实现目标利润而必须达到的成本值，目标成本=目标售价-目标利润。在产品研发设计阶段，管理者应进行市场预测、可行性研究，制定出目标售价，然后根据确定的目标利润倒推出目标成本。客观上存在的研发设计压力，会迫使研发人员使用合理的方法有效控制成本。

此外，企业还可引入技术和经济相结合的价值工程法，从分析客户需求的功能出发，研究如何降低成本，从而获得最大经济效益。产品价值是产品功能和成本的综合反映，企业主要可通过以下两种方法提高产品价值：

（1）维持产品的功能不变，降低成本。

（2）维持产品的成本不变，增加功能。

最后，企业还应努力避免产品研发设计阶段存在的一些误区，例如，只关注表面成本，忽略隐含成本；急于研发新产品，忽略原产品替代功能的再设计等。企业应将上述措施有机结合起来，以求在研发设计阶段赢得成本优势。

4.3.3.2　产品生产阶段降低成本的措施

在产品生产阶段，企业要推行全员、全方位、全过程的成本管理，即用整体的观念通盘筹划，以求整体的最优管理。在此阶段，企业可以采用适时生产系统，即一种由后向前拉动式的生产程序。企业要以客户的需求为出发点，由后向前进行逐步推移，来全面安排生产任务。这要求企业在供、产、销等各个环节尽可能实现"零存货"，从而优化各个环节的等待、运送和储存过程，大大缩短时间，节约成本。企业还可进行作业管理，作业管理是以作业为核心，以作业成本计算为中心，以产品设计、适时生产和全面质量管理等基本环节为重点，由成本分配过程和作业分析过程有机组合而成的全新的企业管理方法。此外，企业还可以通过不断改进和优化企业的作业链来不断改进和优化企业的价值链，以促进企业经营目标的顺利达成。

4.3.3.3 产品营销阶段降低成本的措施

目前市场上流通的同类产品的性能、质量相差无几，除了利用价格优势吸引客户外，采用新形势下推陈出新的营销手段也是企业提高销量、增加利润的有效方法，如采用个性化的广告设计、包装、促销手段等。

为降低产品营销阶段的成本，企业可以进行供应链管理。供应链管理是根据最终客户需求，对提供某种共同产品或服务的相关企业的信息资源，以基于互联网技术的软件产品为工具进行管理，从而实现整个渠道或商业流程的优化。

4.3.3.4 产品使用维护阶段降低成本的措施

在这一阶段，企业要努力降低由于质量问题而造成的各种损失，要减少索赔违约损失、降价处理损失，以及对废品、次品进行包修、包退、包换而产生的客户服务成本等。

此外，企业还应对提高客户满意度而支出的大量维护成本进行有效管理，在提高产品质量的基础上降低维护成本，并建立有效的信息反馈机制，保证客户需求得到及时满足。

4.4 全员——目标成本管理

目标成本管理是全员参与、以管理目标为导向、对企业生产经营全过程实施全方位控制与优化的成本管理体系。其突出特点是全员参与目标管理，要求企业全体员工都投身到企业成本目标的制定、分解、监督、执行和评估中，形成系统优化和持续改善的成本管理机制，以提升企业的成本管理水平和成本竞争优势。

4.4.1 目标成本管理

4.4.1.1 何谓目标成本

目标成本是企业在成本预测的基础上制定的未来应达到的成本水平，同时也是企业在成本管理上的奋斗目标。企业确定目标成本的意义如下：

（1）可有效利用人力、物力、财力，提高企业的管理水平。

（2）可为成本控制提供前提条件。

（3）可有效进行成本的分析比较。

（4）有利于实行例外管理。

4.4.1.2 何谓目标成本管理

目标成本管理是在企业预算、成本预测、成本决策、目标成本测定的基础上，根据企业的经营目标，对目标成本进行的分解、控制分析、考核、评价等一系列成本管理工作。

目标成本管理是企业成本管理的重要内容，其重要性如图4-9所示。

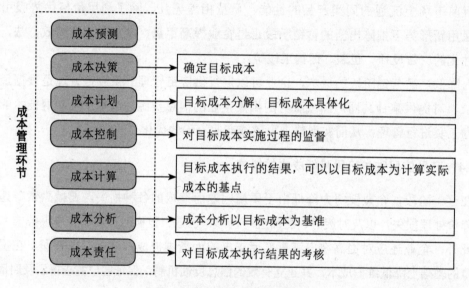

图4-9 目标成本管理的重要性

4.4.2 目标成本管理的原则

（1）以市场价格为引导

目标成本管理体系通过竞争性的市场价格减去期望利润来确定目标成本，价格通常由市场上的竞争情况决定，而目标利润则由企业及其所在行业的财务状况决定。

（2）关注客户

企业应在产品及流程设计决策中同时考虑客户对质量、成本、时间的要求，并以此为指导开展目标成本管理。

（3）关注产品研发设计

企业应在产品研发设计阶段投入更多的时间，消除那些成本高而又费时的暂时不必要的改动，以缩短将产品投放到市场上的时间。

（4）跨职能合作

目标成本管理体系下，产品与流程团队由来自各个职能部门的成员组成，包括研发设计部门、生产部门、销售部门、采购部门、成本会计部门等。所有跨职能团队都要对产品负责，而不仅仅是各司其职。

企业在开展全员目标成本管理活动时，应按照员工的岗位责任和职责，设计出相应的成本目标。企业在进行全员目标成本管理的过程中，首先要划分成本控制实体，应根据企业生产工艺的特点和职能部门、各类人员的职权范围，在企业内部划分出若干不同层次的责任实体，形成一个纵横相交的控制体系。

（5）削减生命周期成本

目标成本管理关注产品整个生命周期的成本，包括购买价格、使用成本、维护与修理成本和处置成本。它的目标是使生产者和联合双方的产品生命周期成本最小化。

（6）价值链成员的参与

目标成本管理过程有赖于价值链上全体成员的参与，包括供应商、批发商、零售商和服务提供商等。

4.4.3　目标成本管理的关键措施

目标成本管理是目标管理和成本管理的结合。企业进行目标成本管理的关键措施如下：

（1）进行目标成本预测

目标成本预测是指根据有关资料，运用一定的方法，对将来不同情况下可能发生的成本及成本的变化发展趋势进行测算。有效的目标成本预测可以为目标成本决策、目标成本计划和目标成本控制提供及时、有效的信息，避免决策、计划和控制中的主观性、盲目性和片面性。

（2）进行目标成本决策

目标成本决策是指在目标成本预测基础上，结合相关资料，综合运用定性和定量方法，确定最优成本效益方案。企业在经营活动过程中要进行各种决策，如建厂、改建、扩建、技改的决策，新产品设计决策，合理下料的决策，自制或外购零件的决策，经济采购批量的决策，薄利多销的决策，等等。

（3）制定目标成本

目标成本的制定要遵循"先进性、科学性、严肃性、通俗性、可行性"的原则。制定科学合理的目标成本是成本控制的前提和基础，也是目标成本管理贯彻实施的关键。

在目标成本预测与决策的基础上，企业要通过一定的程序，运用一定的方法，以货币形式对计划期内产品的生产耗费和各种产品的成本水平设定标准，并以书面文件的形式确定下来，作为目标成本执行和检查考核的依据，这就是制订目标成本计划。通过制订目标成本计划，企业可以在降低产品成本方面提出明确的目标，从而推动自身加强目标成本管理，明确成本责任，挖掘员工潜力。

（4）建立各级成本责任中心

为实行行之有效的目标成本管理，企业要明确划分和建立各级责任中心，以分清各个部门的职能，正确评价其业绩，从而为目标成本计划的贯彻落实提供组织保证。

（5）分解目标成本

为明确责任，使目标成本成为各级奋斗的目标，在确定目标成本后，企业应对其进行自上而下的逐级分解。企业在分解目标成本时要贯彻可控性原则，凡上级可控而下级不可控的成本，都由上级控制，不再向下分解，同级之间谁拥有控制权就分解给谁。

（6）组织实施

目标既定，上级人员就应放手把权力交给下级成员，自己去抓重点的综合性管理。完成目标主要靠执行者的自我控制，而上级的管理应主要表现在指导、协助、提出问题、提供信息和创造良好的工作环境等方面。

（7）进行目标成本核算

企业要根据产品成本对象，采用相应的成本计算方法，对生产成本进行汇集与分配，从而计算出各种产品的实际总成本、实际单位成本和责任成本，这个过程即称为目标成本核算。目标成本核算既是对产品实际费用进行如实反映的过程，也是对各责任部门各种费用进行控制的过程。

（8）进行目标成本分析

企业要以核算后的目标成本及其他有关资料为基础，运用一定的方法，揭示目标成本水平的变动，并通过对影响目标成本水平变动的各种因素及责任部门和个人的研究分析，提出积极的建议，以进一步降低产品成本。

（9）进行目标成本监督和检查

企业要加强对目标成本的监督，通过检查企业目标执行的各项工作，找出问题，明确责任，从而保证成本制度和财经纪律的贯彻执行，并改进目标成本管理。目标成本检查的内容一般包括：检查企业目标成本管理责任制的建立和执行是否合理、有效，检查目标成本管理的基础工作是否健全和完善，检查目标成本核算方法和程序是否真实、数据是否可靠，等等。

（10）进行目标成本考核

企业应定期对目标成本计划及有关指标的实际完成情况进行总结和评价，这样可以鼓励先进，鞭策后进，监督和促进自身加强成本管理、履行成本管理责任、提高目标成本管理水平。目标成本考核大多是在企业内部车间、部门、班组、个人之间进行的。

🔍【实例1】▸▸▸

某集团目标成本考核管理办法

1.总则

为了加强目标成本管理，降低各种损耗，合理控制产品成本，提高经营效益，特制定本办法。

2.范围

2.1 目标成本考核的对象为生产部、设备动力部。

2.2 目标成本考核的范围为产品原料消耗降本、包装物降本、存货资金降低与利息降本等。

2.3 公司层面不再把产品收得率列为考核指标，但可将其作为目标成本检查的一个重要指标。

2.4 新产品中试的原料消耗支出允许单独计算，不列入成本考核范围。

3.职责

3.1 财务部：负责制定产品原料成本考核基准，确定生产部在产品、半成品和产成品占用资金定额，复核各种消耗和降本额计算过程的明细表单及奖金分配方案。

3.2 技术部：当产品生产工艺与设备进行较大技术改造后，负责调整、确定新的原料消耗考核基准，审核各种消耗和降本额计算过程的明细表单及奖金分配方案。

3.3 事业部经理：负责审核各种消耗和降本额计算过程的明细表单及奖金分配方案。

3.4 总经理：负责批准降本奖金分配方案。

4.各类降本考核办法

4.1 产品原料消耗降本

4.1.1 产品原料消耗降本包括生产部的半成品原料消耗降本、产成品原料消耗降本及设备动力部的能耗降低程度和修旧利废水平。

4.1.2 产品原料消耗考核基准：各产品原料消耗以20××年9～11月的平均值为基准制定，原料、包装桶的不变价格原则上按20××年11月的不含税价格制定。

4.1.3 原料消耗降本额=∑（各产品基准原料消耗-各产品实际原料消耗）×原料不变价格。

4.1.4 当产品生产工艺与设备进行较大技术改造后，该产品的原料消耗考核基准要做相应的调整，新的原料消耗考核基准由技术部提出，在技改生产正常后按新的原料消耗考核基准考核。

4.1.5 调整后的原料消耗考核基准可用于计算技术部、事业部的降本额，计算公式：降本额＝（基准原料消耗－该产品的新原料消耗考核基准）×当月该产品产量。

4.2 包装物降本

回收利用旧包装桶的降本额＝回收利用旧包装桶数量×新包装桶×10%。

4.3 存货资金降低与利息降本

4.3.1 生产部在产品、半成品和产成品占用资金定额由财务部制定，经集团讨论确定后，作为生产部的绩效目标，按月进行考核。

4.3.2 存货资金降低与利息降本额＝（生产部月末在产品、半成品和产成品实际占用资金－在产品、半成品和产成品占用资金定额）×0.5875%。

4.4 降本奖励

4.4.1 生产部各类降本额按上述计算方法分月核算，每月降本奖励金额＝降本额×2%。

4.4.2 每月7日前，生产部将上月各种消耗和降本额计算过程明细表单、"月度降本考核评价表"、降本奖金分配方案报技术部和事业部经理审核、财务部经理复核、总经理批准后，在当月工资中兑现。

4.4.3 月度降本考核奖励兑现后，在年底事业部降本考核中，不再重复计算。

4.4.4 设备动力部降本超计划奖＝降本超计划金额×2%×部门当年绩效最终得分。降本超计划奖在部门内部进行分配，由部门负责人提出降本超计划奖的分配方案，报财务部审核、总经理批准后造册发放。原则上，以奖励为公司降本做出较大贡献的骨干为主。

5. 建立考核细则

5.1 生产部要以降低原料成本、包装成本为核心，兼顾各种消耗和资金占用，结合自身实际，建立相应的考核细则，并分解落实到各生产班组。相关考核细则报人力资源部备案。

5.2 生产部各加工组损耗考核办法由事业部自行制定，并报公司财务部审核、总经理批准后执行，同时报人力资源部备案，考核结果可作为生产部月度降本奖励金额的发放依据。

6. 表单

"月度降本考核评价表"。

7. 附则

7.1 本办法由财务部、人力资源部共同制定，并负责解释。

7.2 本办法自20××年1月1日起实施，原"成本考核实施办法"同时废止。

【实例2】▶▶

生产部成本绩效考核办法

1. 目的

为更好地完成20××年度成本管控目标，特制定生产部成本绩效考核办法。

2. 适用范围

适用于本公司生产部的成本管控。

3. 管理规定

3.1 成本管控目标的测算

3.1.1 根据"生产运行作业计划""系统大中修及单体设备大修计划""辅料考核办法"和制造费用实际完成情况，确定成本管控目标。

3.1.2 成本绩效考核包括直接材料成本考核、燃动力成本考核、辅助材料成本考核、直接人工成本考核。因对消耗的计量不够精确，下列成本暂不纳入考核：

（1）直接材料成本中的一次水、脱盐水、除氧水成本和压缩空气、氮气成本。

（2）燃动力成本中的蒸汽成本。

（3）制造费用中的折旧费、安全环保措施费、设备检测费、设备保险费等固定费用。

3.1.3 成本绩效考核中的价格，按照考核月度实际结算的不含税价格进行核算，这样，考核成本将随市场价格的变化浮动，更能体现目标成本考核的公平、公正。

3.1.4 成本绩效考核中，若直接人工费用、临时工费用、机械车辆费用、化验费用等制造经费在生产作业计划中没有明确指标，则依据20××年全年统计数据并结合实际价格变化情况，适当进行调整后确定。

3.2 成本绩效考核

3.2.1 按照10%的考核比例，对各车间目标成本涨降额进行考核。

成本绩效考核＝（目标成本－完成成本）×10%

3.2.2 按照车间50%、公司职能管理部门和辅助生产车间50%的比例，分配成本绩效考核奖罚。

成本绩效车间奖罚＝（目标成本－完成成本）×10%×50%

成本绩效职能管理部门和辅助生产车间奖罚＝∑各职能管理部门和辅助生产车间（目标成本－完成成本）×10%×50%

3.2.3 车间主任按照分配比例，并参照各管理人员实现的成本涨降额，分配成本绩效车间奖罚。成本绩效车间奖罚报计划运营部和综合部备案后，纳入工资中结算。

3.2.4 公司根据各职能部门分管成本项的涨降额，按比例对各职能部门进行奖罚。

职能部门单项奖罚=（单项目标成本−单项完成成本）×10%×50%×奖罚比例

（1）直接材料成本、燃动力成本由计划运营部负责管控，奖罚部分的30%分配给计划运营部，剩余70%分配给公司领导、子公司领导、后勤管理部门及辅助生产车间。

（2）直接人工成本由综合部进行管控，奖罚部分的20%分配给计划运营部，10%分配给人力资源部，剩余70%分配给公司领导、子公司领导、后勤管理部门及辅助生产车间。

（3）制造费用中，辅料消耗、维修经费由设备管理部进行管控，奖罚部分的20%分配给设备管理部，10%分配给计划运营部，剩余70%分配给公司领导、子公司领导、后勤管理部门及辅助生产车间。

（4）机械车辆使用、临时用工费用由计划运营部负责管控，奖罚部分的30%分配给设备管理部，剩余70%分配给公司领导、子公司领导、后勤管理部门及辅助生产车间。

（5）吊车费用由工程设备部负责管控，奖罚部分的30%分配给工程设备部，剩余70%分配给公司领导、子公司领导、后勤管理部门及辅助生产车间。

（6）劳保用品由安全部负责管控，奖罚部分的30%分配给安全部，剩余70%分配给公司领导、子公司领导、后勤管理部门及辅助生产车间。

各部门经理按照分配比例，并参照各部门管理人员实现的成本涨降额，分配成本绩效考核奖罚，报综合部备案后，纳入工资中结算。划给公司的部分，由综合部按照分配比例，分别分配给公司领导、子公司领导、后勤管理部门及辅助生产车间。

3.2.5 涉及成本的其他考核。

（1）产品质量检测由质检部全面负责，质量检测成本的具体考核办法由质检部负责制定。

（2）若备件采购和工程基建成本降低，相关部门应以情况汇报的方式逐级上报公司，公司将按照总成本降低额1%~3%的比例进行奖励。

（3）因技术改造、节能管理、利用国家相关政策等原因实现的成本降低，由所在部门以情况汇报的方式逐级上报公司，公司将按照总成本降低额1%~3%的比例进行奖励。

（4）月度开工率不足60%或有效平均生产负荷不足60%的车间，成本涨降额不纳入绩效考核，其他停、限、减产因素均不予考虑。

3.3　成本绩效考核奖罚的分配

3.3.1　生产车间成本绩效考核奖罚的分配范围：车间班长及以上管理人员纳入成本绩效考核奖罚分配。分配比例如下：主任为5%，副主任为3%，设备管理员为1.5%，安环员为1.5%，维修班长为1%，白班班长为1%，工艺班长为1%。

3.3.2　公司及职能部门成本绩效考核奖罚分配范围：公司领导、中层管理人员、部门科员纳入成本绩效考核奖罚分配。分配比例如下：公司级领导为8%，总监级领导为6%，经理为5%，副经理为3%，助理级（含调度员）为2%；科员分为三个级别，一类科员为1.5%，二类科员为1%，三类科员为0.5%。

3.3.3　部门内部应依据分工制定单项奖罚标准，并报公司批准后执行。每月奖罚分配应报计划运营部和综合部备案。

3.3.4　各车间、部门有权依据实际情况对成本绩效考核奖罚分配比例进行调整，但必须遵守公平、公正的原则，禁止在成本绩效考核奖罚分配中徇私舞弊、中饱私囊。

3.4　成本绩效考核实施

3.4.1　成本绩效考核由计划运营部负责实施，由综合部负责监督。

3.4.2　成本绩效考核奖罚按月兑现，因考核参照的是实际市场价格，为了保证数据的真实性，将考核奖罚的兑现延后一个月，即本月兑现上月成本绩效考核奖罚。

3.4.3　对于成本绩效考核中的指标数据，公司应依据运行情况，每季度进行一次修订。主要是指公司级技术改造完成，经调试运行正常后，对相关的指标进行调整。

4.5　成本管理信息化

信息化作为先进的管理技术与现代信息技术结合的产物，将企业的物流、资金流、信息流有效地集成在了一起，为成本管理提供了高效的数据收集、处理和传递平台，以支撑成本预测、决策、控制、考核等关键环节的开展。

因此，现代企业必须全面加速推进信息化工作进程，发挥信息化在成本管理中的重要作用，实现对成本的动态管理，从而提高企业市场竞争能力和持续盈利能力。

4.5.1　传统成本管理的缺陷

在传统模式下，企业的成本数据与业务无法集成，尤其是在成本的综合分析、预测和控制等方面受到一定限制，不能实现成本管理的准确性和快捷性，具体缺陷如图4-10所示。

成本数据核算不准确	成本核算滞后	现场成本管理不到位
成本数据核算主要依赖人工，可能存在人为原因造成的费用分摊不科学、产品成本核算不准确的情况，导致产品成本虚高或虚低	由于缺乏实时的成本信息，成本核算周期长，成本核算分析不及时，企业不能及时获得经营决策信息，难以应对瞬息万变的市场形势	传统成本管理模式下，企业无法将一线生产信息与成本数据有效结合，无法实施有效的现场成本管理，对作业区、班组等基层组织的成本管理职能相对弱化

图4-10　传统成本管理的缺陷

上述种种缺陷都会使企业的成本增加。

4.5.2　成本管理信息化的益处

企业实现成本管理信息化有以下益处。

（1）实现数据的信息化

长久以来，成本数据的归集要依靠手工进行，部门之间成本数据的交互依靠纸质媒介进行，成本数据的统计、查询、分析难度很大，而成本管理信息化可让企业方便地进行某一方面成本数据的归集、分析、查询。成本管理系统将各种与成本相关的数据以一定的数据格式录入计算机，并以数字的形式保存起来，相关部门和人员可以随时进行成本的归集、查询、分析。此外，各相关部门的成本数据能通过成本管理系统实现共享，从而实现数据的信息化。

（2）实现流程的规范化

目前，成本管理工作中普遍存在操作流程不规范的现象，造成了成本浪费、成本管理低效及管理漏洞。成本管理信息化作为一种管理手段，可以将企业已经规范的一些科学成本管理流程以软件程序的方式固化下来，使得相关流程中员工的工作更加规范高效，既减少了人为控制和非科学决策，同时也堵住了管理漏洞。

（3）实现决策的科学化

传统的成本管理手段缺乏对成本对象的定量分析，使得决策往往依靠管理者的个人经验。另外，管理者要等每个月的报表出来后才知道哪个环节的成本超了、哪个环节的成本省了，若此时才决策，为时已晚。而且这种凭经验决策及事后决策的方法与市场经济的发展是极其不适应的，企业根本无法控制成本。

成本管理信息化后，通过对原始成本数据进行科学的加工处理，并运用一定的计算模型，企业能实现成本管理的事前计划、事中控制、事后分析等全过程的定性、定量分析。更重要的是，通过这些定性、定量分析，管理者对成本过程控制中的薄弱环节能做到心中有数，及早应对。此外，信息化的成本管理系统可实时、动态地进行成本数据的归集、查询，从而真正对成本管理的科学决策起到支持作用。从某种意义上来说，成本管理信息化是成本管理的决策支持系统，可以辅助管理者进行科学决策。

（4）实现准确、实时的成本核算

成本管理信息化从根本上消除了各业务部门间的"隔离"状态，财务部门不但能了解成本产生的全部过程，而且对于各相关业务部门的每一个作业，财务部门都能做出相应的反应。例如，材料部门在记录一笔材料出库、退库的同时，财务部门也得到了这个信息，并将相应的材料费用计入实际成本；经营部门每结算一笔款项，财务部门就记录相应的应付账款，等等。正是这种成本数据信息的通畅、透明，才使成本的准确、实时核算成为可能。

4.5.3　成本管理信息化的关键环节

企业应发挥信息化在成本管理中的重要作用，抓住成本管理信息化的关键环节（如图4-11所示），建立长效机制，持续改善和推进成本管理信息化工作。

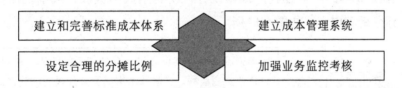

建立和完善标准成本体系　建立成本管理系统

设定合理的分摊比例　加强业务监控考核

图4-11　成本管理信息化的四大环节

4.5.3.1　建立和完善标准成本体系

企业在进行成本管理信息化的过程中，应该建立和完善标准成本体系。企业在建立和完善标准成本体系时，要注意将生产目标与生产实际有机结合起来，依据企业工艺技术规范、生产操作规程、历史消耗数据、实测数据、经营管理水平等因素，为各成本中心及产品制定合理的数量标准，然后再将数量标准价值化。

4.5.3.2　设定合理的分摊比例

成本管理信息化系统中，公共费用通过分摊或分配方式计入相应受益的生产性成本中心，从而确保费用最终归集到生产订单上。因此，分摊比例的合理性将直接影响成本核算的准确性。企业应根据生产性成本中心的受益情况，制定合理的分摊比例，月结时，系统可自动将公共费用按比例分摊到各生产性成本中心。

4.5.3.3　建立成本管理系统

成本管理系统的功能包括成本基础数据管理、成本核算和成本统计分析。

（1）成本基础数据管理

要建立成本管理系统，首先必须具备大量详细、准确的基础数据，这些基础数据包括物料清单、工艺路线和工时定额等。成本管理系统有成本基础数据管理的功能，可以进行产品成本的计算。成本管理系统必须提供金融和非金融数据，以支持企业的战略决策。

（2）成本核算

成本核算过程中发生的费用，一部分会直接计入产品成本；另一部分会通过归集和分配程序，逐步汇总到产品成本中。企业通过成本管理系统核算成本时，要将产品划分为完工产品和未完工产品。完工产品的成本从产品成本账户中转出，进入销售成本账户，以计算销售利润。成本管理系统归集的费用包括生产过程中发生的各项费用，如材料消耗、人员工资、二级库存盘点盈亏、废品损失、制造费用等。

（3）成本统计分析

成本统计分析常用于评价企业成本定额的执行情况，揭示企业成本升降的原因，帮助企业找出降低成本的有效途径。成本统计分析包括成本报表、成本定额执行情况分析、成本指标分析等内容，如图4-12所示。

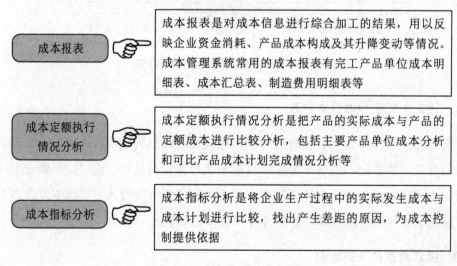

图4-12　成本统计分析的内容

4.5.3.4　加强业务监控考核

对制造企业来说，信息化模式下的大量成本信息由业务集成产生，例如，成本中心的物料消耗由业务部门发料过账自动形成；设备的日常检修费用在费用确认时会自动匹配到相应受益的成本中心；系统在月结时会自动计算订单差异；运行物料账时会自动进行物料实际成本还原。因此，规范业务操作是保证成本信息准确无误的前提条件。

规范业务操作，最直接的方法就是加强业务监控考核和强化企业人员的系统知识。因此，企业应该成立专门的业务监控机构，制定信息化工作考核制度，对业务操作的规范性进行严格监督考核，以便及时发现和处理系统问题，确保成本信息的有效性。

4.5.4　有助于降本提效的ERP系统

4.5.4.1　何谓ERP系统

企业资源计划（enterprise resource planning，ERP），是一种主要面向制造行业进行物质资源、资金资源和信息资源集成管理的企业信息管理系统。它也是一种以计划为导向的先进生产与管理方法。企业先确定一个总的生产计划，再经过系统层层细分后，下达到各部门去执行，如生产部门据此生产、采购部门据此采购等。

4.5.4.2　ERP系统给企业带来的成本益处

据统计，使用ERP系统，可以为企业带来如下成本益处。

（1）库存水平下降30%～50%。企业的库存投资会减少40%～50%，库存周转率会提高50%。

（2）延期交货的情况减少80%。当库存减少并稳定的时候，使用ERP系统的企业，准时交货率平均提高55%，误期率平均降低35%，这就使销售部门的信誉大大提高。

（3）采购提前期缩短50%。采购人员有了及时准确的生产计划，就能集中精力进行价值分析、选择货源、研究谈判策略、了解生产问题，这样可缩短采购时间，节省采购费用。

（4）停工待料的现象减少60%。由于零件需求的透明度提高，计划能够得到及时准确的实施，零件也能以更合理的速度准时到达，因此，生产线上的停工待料现象将会大大减少。

（5）生产成本降低12%。库存费用、采购费用的降低必然会引起生产成本的降低。

（6）管理水平提高。管理人员减少10%，生产能力会提高10%～15%。

4.5.4.3　ERP系统在应用中存在的问题

（1）ERP系统管理误差

虽然企业使用ERP系统能实现企业成本的事前预测、事中控制、事后分析等一系列管理，但从企业成本管理的实际效果来看，ERP系统在应用中还存在一些问题，其中最明显的便是稳定性较差，而在成本管理数据生产环节，灵活性也较差，因而，调整与控制的作用效果并不明显。加之ERP系统在事中控制环节缺陷明显，管控力不足，自然也会对成本管理的实际效果造成影响。需注意的是，由于ERP系统在运行环节的不稳定，时常会导致计算机录入及企业三流合一等环节出现误差。

（2）ERP系统与企业成本管理模式结合效果不明显

将ERP系统应用到企业成本管理中非常必要，但在实际应用环节，由于成本信息、管理环境及管理模式等内容发生改变，企业管理者在ERP系统应用方面缺乏经验，使当前的ERP系统难以有效地同企业成本管理模式结合起来发挥作用。

（3）有隐蔽性成本

ERP系统的应用对于企业而言存在隐蔽性成本，如教育培训成本、测试整合成本及咨询顾问成本等，若不对这些成本加以控制，必然会影响企业成本管理的质量。

（4）系统本身存在缺陷

ERP系统在运行环节不稳定，除了管理者知识技能匮乏外，根本原因在于系统本身存在缺陷，如，缺少管理流程与生产重组功能，缺乏全面监管生产管理流程的功能等。

4.5.4.4 有效改进策略

针对以上问题，企业应采取图4-13所示的策略进行改进。

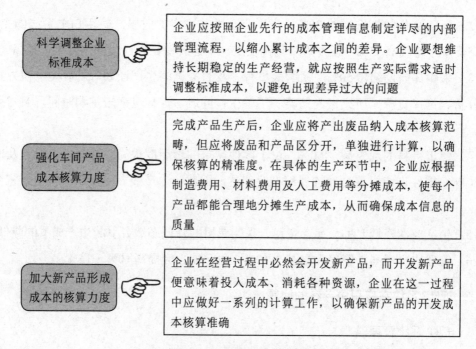

图4-13 有效改进的三大策略

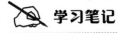 **学习笔记**

请对本章的学习做一个小结，将你认为的重点事项和不懂事项分别列出来，以便进一步学习、提升。

本章重点事项
1. _____
2. _____
3. _____
4. _____
5. _____
6. _____
7. _____

本章不懂事项
1. _____
2. _____
3. _____
4. _____
5. _____
6. _____
7. _____

个人心得
1. _____
2. _____
3. _____
4. _____
5. _____
6. _____
7. _____

第5章
财务稽核

 学习目标:

1.了解财务内部稽核的定义及意义、财务稽核与内部审计的区别,掌握财务稽核的方式与日常工作内容。

2.了解财务稽核的程序,掌握财务稽核的方法。

3.了解财务稽查的重点环节,掌握各项目的稽核要求和注意事项。

4.掌握加强财务稽核的主要措施及具体要求。

　　财务稽核工作是防范经营风险、规范理财行为、加强内部控制、确保经济安全的重要手段之一。企业应努力提升规范化管理水平，针对财务风险防控、全面预算管理、税收等方面开展财务稽核检查工作，从企业查、单位找、全诊断、严整改四个方面进行稽核检查，从而构建财务稽核长效机制，提高财务风险管控能力，提升企业经营管理水平。

5.1　财务稽核概述

　　财务稽核是财务部门自身对财务管理工作进行的核查活动。这项职能设置的依据是《会计法》中"各单位应当建立、健全本单位内部会计监督制度"的规定，其目的是规范财务管理，并保证会计信息真实、完整、可信。财务稽核的组织者是财务部门，其与企业内部审计、风险控制工作的分工各有侧重，也存在一定的关联性。

5.1.1　财务内部稽核的定义及意义

　　财务内部稽核是由指定的会计人员依照有关的法规、制度、规定对企业的内部经济业务、财务管理、会计核算所进行的专业审核、复查和监督，它也是企业内部控制制度的重要方面。财务稽核作为会计审核工作的继续和深入，是对企业经济业务内容的再审核，是渗透于企业财务部门实行内部监督的重要手段。财务内部稽核的实施，可以减少企业核算工作的纰漏，提高企业制度的执行力度，并能及时发现潜在的风险，因此，对企业的可持续发展具有重要的现实意义。

5.1.2　财务稽核与内部审计的区别

　　财务稽核与内部审计的区别，如图5-1所示。

5.1.3　财务稽核方式

5.1.3.1　日常稽核与专项稽核

　　（1）日常稽核

　　日常稽核是对本单位财务部门内部开展的且与日常财务会计工作同步的核查。

　　（2）专项稽核

　　专项稽核是对本部门或所属部门重要财务事项或涉及财务的重大事项所进行的事前预防性核查或事后监督性核查。

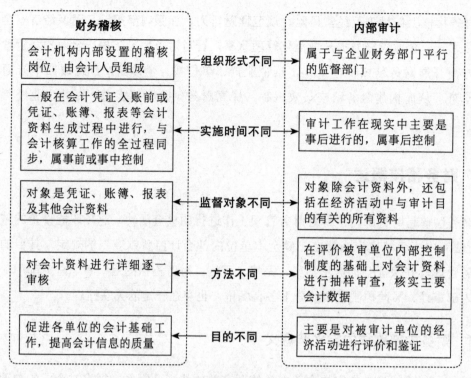

图5-1 财务稽核与内部审计的区别

5.1.3.2 在线稽核与现场稽核

（1）在线稽核

在线稽核是通过财务信息服务平台，对本单位财务部门的日常业务或所属单位的财务事项进行的网络在线核查。全面推行财务在线稽核，可以提高稽核工作效率，强化财务监督。在线稽核可以对会计核算、资金收支、经费管理、预算执行等重点业务进行动态核查，实时发现和排除财务管理、会计核算中存在的问题。

（2）现场稽核

现场稽核一般应用于专项稽核，或与在线稽核相结合应用于专项稽核。主要以现场听取被稽核单位情况介绍，审阅、检查、核对、分析相关财务资料等方式做出稽核结论。

现场稽核的实施程序，如图5-2所示。

5.1.4 财务稽核日常工作内容

财务稽核的工作内容非常广泛，常见的如图5-3所示。

此外，有些企业的财务稽核还非常关注预算、税务等职能。由此可见，财务稽核不仅仅包括报表、账簿、记账凭证等账载信息，还包括支持账务处理、预算编制和执行、涉税业务处理的原始单证和活动记录信息。

第一步	听取被稽核单位财务负责人介绍有关情况
第二步	调阅有关资料，查阅有关凭证、账表、合同等
第三步	对有关资料进行整理核对、比较分析，并依据有关政策、法规对稽核出现的问题予以定性，草拟稽核报告
第四步	与被稽核单位交换意见
第五步	稽核人员根据双方达成一致的意见，修改稽核报告。如果双方对某些问题的意见不一致，可在稽核报告中予以反映，稽核报告应向企业主管领导报告
第六步	根据企业领导对稽核报告的批示，提出改进意见与建议，并以"财务稽核意见书"的形式送达被稽核单位，同时抄送有关部门

图5-2　现场稽核的实施程序

 资金管理　银行账户设置合规；现金及现金等价物收付合规，并且账实相符；银行存款余额真实且未达账项合理；拆借、担保不违规

 往来结算　往来挂账真实、可靠；账龄规模和期限结构合理；坏账准备计提、转回依据客观、准确

 资本性投资　投资计划完整、真实，严格执行分级授权审批制度；在建工程竣工、达到可使用状态、决算等环节及时入账且手续完备

 固定资产　固定资产账实相符；折旧、减值计提正确、合理；盘盈亏、资产处置符合国家和企业规定

 成本费用核算　成本费用核算对象设置合理；成本费用归集、分配、结转的流程及规则正确，并保持一贯性原则；成本费用科目核算的内容真实、完整、准确

 收入和价格　销售结算价格符合特定时段规定，并与审批授权匹配；收入结算手续完备；收入确认及时、准确

图5-3　财务稽核日常工作内容

5.2 财务稽核的程序与方法

5.2.1 财务稽核程序

5.2.1.1 稽核准备

稽核准备工作包括以下几个方面。

（1）根据财务工作的整体部署，制订年度稽核工作计划。具体稽核时，要制定稽核工作方案。

（2）确定不同阶段的稽核工作重点和稽核对象。

（3）针对拟稽核项目制定稽核程序，即明确具体项目的稽核目的、稽核内容、稽核顺序与抽查范围及程度。

（4）向被稽核单位下达稽核通知书。

5.2.1.2 稽核实施

稽核实施主要是指采用调查、检查等手段查明被稽核事项的真相，以明确症结之所在。根据工作内容，一般分为制度稽核与作业稽核两类。

（1）查阅被稽核单位的财务报告、会计凭证、会计账簿及其他有关资料，并要求被稽核单位做出说明。

（2）对稽核中发现的问题，做出详细、准确的记录，并形成书面的稽核报告。根据稽核结果，对被稽核单位提出建议和整改意见。

5.2.1.3 稽核分析

稽核分析研究工作的主要内容是，找出发生问题的所有因素，分析各因素之间的关系，决定各因素的重要性，研究所有可能的解决方案，与相关人员沟通各种可能的解决方案，选择最适当可行的方案。稽核人员在提出方案建议时，应站在管理者的立场，并考虑实务上的可操作性。

5.2.1.4 稽核报告

稽核报告是稽核人员将稽核过程中汇集的资料、查明的事实、获得的结论与建议，通知具体相关部门或最高管理层，以便于相关部门及最高管理层进行处理、纠正和采取有效行动。稽核报告的形式主要有两种，即文字报告和口头报告。

稽核人员通常在工作结束之日起10个工作日内向财务部门负责人及总会计师报送客观、真实的稽核工作报告，需要报送总经理的，应同时报送。稽核工作报告包括下列内容。

（1）稽核对象、稽核时间、稽核内容。

（2）被稽核单位的基本情况。

（3）全面、客观、公正地评价单位财务管理状况，对有关问题提出处理或整改意见和建议。

（4）其他需要报告的事项。

🔍 【实例1】 ▶▶▶

财务稽核工作方案

稽核项目		被审单位	
稽核时间			
稽核方法			
稽核目的			
稽核范围及内容	1.稽核范围： 2.稽核内容：		
工作步骤及时间安排	1.稽核准备阶段：明确人员分工，下达稽核通知书，稽核小组成员收集与整理前期稽核资料及相关管理资料（×月×日～×月×日） 2.稽核前调查阶段：了解被评审单位情况，确定评审内容及重点，并拟定实施办法（×月×日～×月×日） 3.实施工作阶段：按稽核方案开展工作，确定稽核时间进度，做好记录与取证工作，分析原因，相互了解和掌握工作进展情况，根据实施情况及时调整下一步工作计划与安排（×月×日～×月×日） 4.交换意见阶段：稽核小组统一意见后，与被审单位相关人员交换意见（×月×日～×月×日） 5.总结和起草稽核报告：根据交换意见及稽核情况，草拟财务外部稽核报告（×月×日～×月×日）		
稽核小组成员及工作分工	负责人：		
	成员：		
	具体工作分工：		
编制人		编制时间	
稽核负责人			

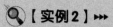 **【实例2】** ▸▸

财务稽核通知书

（　　）财外稽字××××第××号

×××公司：

根据××有限公司总裁室财务管理组（或受××××部门委托，或依据××××要求……）××××安排，决定于××××年×月××日～××日对你单位实施××××稽核，稽核内容为××××××。

请你单位在接到通知后，对此项工作予以积极配合，按照通知要求准备有关资料（需提供的资料清单见附件），并于稽核组到达你单位当日送交稽核组。

主审：　　　　　　　助审：

附件：1.被稽核单位需提供的资料清单

　　　2.其他资料

××有限公司

总裁室财务管理组

年　月　日

主题词：稽核　通知书

主送：

抄送：

内分送：

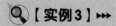 **【实例3】** ▸▸

财务稽核通知回执单

（　　）财外稽字××××第××号

××有限公司总裁室财务管理组：

我单位已经接到贵部门的稽核通知书，按照通知书要求的内容，我们将准备好相关资料并积极配合稽核工作的顺利开展。

需要说明的事项：

接收单位：（盖章）

接收经办人：（签字）

接收日期： 年 月 日

【实例 4】▶▶▶

财务稽核工作底稿

被稽核单位名称：	索引号：	页次：
审计项目：	编制：	日期：
会计期间或截止日：	复校：	日期：

稽核过程及稽核发现：	
稽核结论	

【实例 5】▶▶▶

与被稽核单位交换意见书

稽核项目：	稽核日期：
稽核发现及意见	被稽核单位意见
稽核人员：	被稽核单位人员：

【实例6】▶▶▶

稽核业务改善建议书

××公司××部门：

　　为使公司的经营管理活动有序、高效地运行，根据××××年×季度财务内部稽核中发现的内部控制异常事项，我们提供了这份业务改善建议书。

　　由于我们财务稽核的主要着眼点是会计核算与财务管理活动，所以，业务改善建议书中包括的内部控制管理需改善的方面，仅是我们注意到的与财务管理活动相关联的部分。我们提的改善建议不是对贵部门专业的管理评价，只是服务性的建议，不具有鉴证性和强制性。

一、业务需改善的方面

　　1.在执行××制度上（审批权限或控制流程上）存在可改善的方面：

　　2.在基础资料建档、表单设计、传递流程及时限上存在可改善的方面：

　　3.其他可改善的方面：

二、改善建议

××公司财务处
年　月　日

【实例7】▶▶▶

财务日常稽核报告

集团公司财务部/公司领导：

　　我们财务部门××××年×季的内部稽核汇总工作已于××××年××月××日完成，本会计期间共稽核会计凭证××份、各类报表××份。依据国家财经法律法规及集团公司的各项规章制度，现将本期稽核中发现的财务异常事项汇报如下：

一、异常发现

（一）在凭证稽核中发现的异常：

1.原始凭证：

2.记账凭证：

（二）在账簿稽核中发现的异常：

（三）在报表稽核中发现的异常：

（四）在内部财务控制程序稽核中发现的异常：

（五）稽核发现的其他异常：

二、原因分析

三、改善建议

1.对财务业务处理的改善建议：

2.对财务制度、业务流程的改善建议：

3.对业务系统的改善建议：

四、前期稽核建议落实情况反馈

×× 公司财务处

财务负责人： 总稽核员： 复核：

×××× 年 ×× 月 ×× 日

【实例8】 ▶▶▶

财务专项稽核报告

财专稽字[××××年]第××号

集团总裁/财务部经理：

根据集团财务专项稽核计划（或根据集团高层××××年×月×日会议指示），集团公司财务部组成专项稽核小组，于××××年×月×日至××××年×月×日对××公司开展了××项目的专项稽核。现将本次专项稽核工作汇报如下：

一、在专项稽核中发现的异常

包括异常事项、法律制度依据

二、原因分析

三、改善建议

1.员工层面

2.企业层面

（1）制度层面：

（2）经营授权层面：

（3）流程层面：

（4）其他层面：

3.外部环境层面

4.其他建议

集团公司财务部

财务部经理：　　　　总稽核员：　　　　复核：

××××年××月××日

【实例9】▶▶▶

财务稽核报告

（×）财外稽字××××年××号

被稽核单位：××××

稽核项目：××××

> 总裁室财务管理组
>
> （××总经理财务管理组）
>
> ××××年×月×日

关于对××××（被稽核单位全称）××××（稽核项目信息）的稽核报告

（×）财外稽字××××年××号

××××：

总裁室财务管理组按照××××，成立项目稽核组，于×月×日至×日对××××（被稽核单位全称）进行了稽核。现将稽核情况报告如下：

一、稽核概述

稽核期间：

稽核依据：

稽核目的：

稽核范围：

稽核方法：

二、稽核综合评价

三、稽核发现

（一）

1.

（1）

①

四、稽核建议

（一）整改类建议：此类建议有限期整改之要求，请贵单位予以关注。

1.

责任单位：　　　　　　责任人：　　　　　　完成时间：

2.

责任单位：　　　　　　责任人：　　　　　　完成时间：

……

（二）改善类建议：此类建议无限期整改之意，以采取更优方案为宗旨，贵单位可视具体情况做出反应。

1.

2.

……

报告附件：

1.

2.

……

主稽核：

助理稽核：

5.2.2　财务稽核方法

财务稽核人员主要采用的稽核方法有资料检查法和资产检查法，如审阅法、复核法、核对法、盘存法、函证法、观察法、鉴定法、分析法、推理法、询问法、调节法等。

（1）审阅法

审阅法是指通过对有关书面资料进行仔细观察和阅读来取得证据的一种检查方法。通过审阅可以鉴别书面所反映的经济活动是否真实、正确、合法、合理及有效。审阅法不仅可以取得直接证据，也可以取得间接证据。运用审阅法应注意的技巧是：从有关数据的增减变动，来鉴别有无问题；从资料反映的真实程度，来鉴别有无问题；从账户的对应关系，来鉴别有无问题；从购销活动，来鉴别有无问题；从业务经办人的业务能力和思想品德，来鉴别有无问题。

（2）复核法

复核法包括会计数据复核和其他数据复核。会计数据复核主要是对有关会计资料提供的数据指标进行复核。其他数据复核主要是对统计资料所提供的一些主要指标进行复核。

（3）核对法

核对法是指将书面资料的相关记录，或是书面资料的记录与实物，进行相互核对，以验证其是否相符的一种查账方法。按照复式记账原理，核算的结果、资料之间会形成一种相互制约关系。若有关人员造成无意的工作差错或是故意的舞弊行为，都会使这种制约关系失去平衡。

（4）盘存法

盘存法是指通过对有关财产物资进行清点、计量，来验证账面反映的财物是否真实存在的一种查账方法。按具体做法的不同，可分为直接盘存法和监督法两种。

（5）函证法

函证法是指查账人员按照稽核的具体需要，设计出一定格式的函件并寄给有关单位和人员，然后根据对方的回答来获取某些资料，或对某问题予以证实的一种检查方法。按要求对方回答方式的不同，函证法又有积极函证和消极函证两种。

（6）观察法

观察法是指检查人员通过实地观看来取得证据的一种技术方法。观察法结合盘点法、询问法使用，会取得更佳的效果。

（7）鉴定法

鉴定法是指检查人员对于需要证实的经济活动、书面资料及财产物资超出稽核人员专业技术时，另聘有关专家并运用相应专门技术和知识加以鉴定证实的方法。鉴定法主要应用于涉及较多专业技术问题的稽核领域，同时也应用于一般稽核实务中难以辨明真伪的场合，如纠纷、造假事项等。

（8）分析法

分析法是指通过对被稽核项目有关内容的对比和分解，从中找出项目之间的差异及构成要素，以提示其中存在的问题，为进一步检查提供线索的一种技术。稽核工作中，采用的分析方法主要有比较分析、平衡分析、科目分析和趋势分析等。

（9）推理法

推理法是稽核人员根据已经掌握的事实或线索，结合自身的经验并运用逻辑方法，来确定一种方案，并推测实施后可能出现的结果的一种技术方法。推理法与分析、判断有着密切的联系，通常将其合称为"分析推理"或"判断推理"，它是一种极为重要的稽核技术。推理法的应用，有利于把握检查的对象和选择最佳的检查方法。推理法的步骤是：提出恰当分析，进行合理推理，做出正确判断。

（10）询问法

询问法又称面询法，是指稽核人员针对某个或某些问题通过直接找有关人员进行面谈，以取得必要的资料，或对某一问题予以证实的一种检查技术方法。按询问对象的不同，询问法可分知情人询问和当事人询问两种。按询问方式的不同，又可分为个别询问和集体询问两种。

（11）调节法

调节法是指审查某一项目时，为了验证其数字是否正确，对其中某些因素进行必要的增减调节，从而求得需要证实的数据的一种稽核方法。例如，在盘存法中，当材料、产品的盘存日与查账日不同时，应采用调节法。银行存款账户余额不一致时，应采用调节法。通过调节，往往还能提出更深层次的问题。

5.3 财务稽核的重点环节及各项目的稽核要求

5.3.1 财务稽核的重点环节

5.3.1.1 做好企业资金管理业务的财务稽核

企业的资金大部分都在银行中，因此，对资金的稽核要求如下。

（1）要按照相关的规章制度做好银行票据的购买、领用，银行存款、库存现金的清点和对账等工作，逐步核查银行存款、账单记录，以及银行中的企业存款是否真实、准确、完整。

（2）要对企业资金支出和收入凭证进行审核，核查凭证中的内容、开支标准是否符合相关的资金制度规范。

（3）要对付款审批流程、审批权限进行审核，核查其是否符合相关的制度规范。此外，还要对付款审批单的收款单位、金额、支付比例、支付项目等进行审核，确定其是否符合相关的制度规范。

5.3.1.2 做好企业各项费用的监察工作

企业中各项费用的支出很频繁，因此，要做好企业各项支出费用的监督检查工作。

（1）要按照相关的规章制度，对企业各项费用支出的渠道进行审查，看其是否合理，是否符合国家的相关规范。

（2）要加强对企业日常费用开支的监督，核查其支出范围、列支标准等是否符合相关的规章制度。

（3）要对科研费、修理费等资本性支出费用进行核查，看其是否被正确地列入了成本当中。

5.3.1.3　做好会计凭证的稽查管理

会计凭证稽查管理是开展企业内部财务稽查工作的重要依据，因此，要做好会计凭证稽查管理工作。

（1）要对会计凭证摘要进行核查，看其是否能简要、真实地反映经济业务的内容。

（2）要对会计科目进行监察，看其是否规范合理，另外还要看各项辅助核算信息是否正确、完整。

（3）要对记账凭证进行核查，看其是否真实、准确、完整、可靠，是否有规范的印章，是否按规定的程序进行审批。

5.3.2　各项目的稽核要求

5.3.2.1　原始凭证的稽核

原始凭证的稽核要求如下所示。

（1）原始凭证的名称，填制日期，填制单位名称或填制人姓名，接受单位名称，经济业务的内容、数量、单位要填写正确。

（2）从外单位取得的原始凭证应当盖有填制单位公章；从个人取得的原始凭证应当有填制人员的签名或者盖章；自制原始凭证应当有单位领导或指定人员的签字或盖章；对外开出的原始凭证应当加盖本单位公章。

（3）原始凭证的大小写金额应当相符。

（4）职工借款收据，应附在记账凭证之后；收回借款时，应当另开收据，而不是退还原借款收据。

（5）经上级有关部门批准的经济业务，应将批准文件作为原始凭证附上。如果批准文件需要单独归档，应在凭证上注明批准机关名称、日期和文件字号。

（6）原始凭证不得涂改、挖补。发现原始凭证有错误的，应当由开出单位重开或者更正，更正处应当加盖开出单位的公章。

（7）外单位提供的原始凭证如丢失，应取得原单位盖有公章的证明，并注明原凭证号码、金额等内容，严禁外单位提供白条凭证。

5.3.2.2　记账凭证的稽核

记账凭证的稽核要求和注意事项，如表5-1所示。

5.3.2.3　账簿的稽核

账簿的稽核要求和注意事项，如表5-2所示。

表5-1　记账凭证的稽核要求和注意事项

稽核要求	注意事项
1.记账凭证的填制日期、编号、业务摘要正确 2.会计分录要正确，转账要合理，借贷方数字要相符 3.应加盖的戳记及编号等手续要完备，有关人员的签名或盖章要齐全 4.现金或银行存款的记账凭证应由出纳员签名或盖章 5.除结账或更正错误记账凭证可以不附原始凭证外，其他记账凭证所附原始凭证应齐全、合法	记账凭证审核或检查时，应注意下列事项： 1.每一交易行为的发生，是否按规定填制传票，如有积压或事后补制现象，应查明原因 2.会计科目、子目、细目有无误用，摘要是否适当，有无遗漏、错误，各项数字的计算是否正确 3.传票所附原始凭证是否合乎规定、齐全、真实，手续是否完备 4.传票编号是否连贯，有无重编、缺号现象，装订是否完整 5.传票的保存方法及放置地点是否妥当，是否已登录日记簿或日计表 6.传票的调阅及拆阅是否依照规定手续办理

表5-2　账簿的稽核要求和注意事项

稽核要求	注意事项
1.各项账簿的记录内容应与记账凭证相符；应复核的，已复核，并保证账证相符 2.现金日记账收付总额应与库存表当日收付金额相符；银行存款日记账账面余额应定期与银行对账单核对 3.不同会计账簿之间的账簿记录应相符，并保证账账相符 4.各项账簿记录错误的纠正画线、结转过页等手续应依照规定办理，误漏的空白账页应注销，并由记账人员签名或盖章 5.各科目明细分类账各户或子目之和或未转销完的各笔科目余额之和应与总分类账各科目余额相等，并按日或定期核对，相关科目的余额应当相符 6.账簿记录存在的错误，不准涂改、挖补、刮擦，或者用药水消除字迹，不准重新抄写，应按规定办法更正 7.应按规定定期结账	账簿检查时，应注意下列事项： 1.每日应记的账，是否当日记载完毕 2.各种账簿的启用、移交手续及编制的明细账目等，是否完备 3.活页账页的编号及保管，是否依照规定手续办理，订本式账簿有无缺号 4.旧账簿内未用空白账页，有无画线或加盖"空白作废"戳记注销 5.各种账簿的保存方法及放置地点，是否妥当，是否已登记备忘簿；账簿的毁销，是否依照规定期限及手续办理

5.3.2.4　会计报表的稽核

会计报表的稽核要求和注意事项，如表5-3所示。

表5-3　会计报表的稽核要求和注意事项

稽核要求	注意事项
1.会计报表之间、会计报表各项目之间，相对应的数字应一致；本期会计报表与上期会计报表之间有关数字应相互衔接；如果不同会计年度会计报表中各项目内容和核算方法有变更，应在年度会计报表中加以注明 2.会计报表的数字应真实、无篡改、计算应准确 3.报表的编号、装订应完整，签章应齐全，送报无缺漏	1.各种报表是否按规定期限及份数编送，有无缺漏 2.各种报表的内容是否与账簿上的记载相符 3.报表保存方法及放置地点是否妥当

5.3.2.5　有价证券的稽核

检查有价证券时，应与有关账表核对，并注意下列事项。

（1）有价证券的购入及出售应经核准，手续应完备。

（2）证券种类、面值及号码，应与账簿记载相符。

（3）债券附带的息票应齐全，并与账册相符。

5.3.2.6　银行存款、现金的稽核

（1）支票印鉴应由两人保管，财务监察员保管支票公章，财务主管保管经理私章，每日工作结束后分别锁入各自的办公抽屉。

（2）银行支票以及其他托收、承付、票汇等空白凭证及备用金，由出纳员负责保管，每日工作完毕后，由出纳员全部锁入保险柜内，并配给出纳员大保险柜一个。

（3）财务部经理及工资核算员每月不定期检查两次库存现金，并做好记录。

（4）出纳员做到现金日清月结；月底最后一天，应将现金关账，且现金日记账余额与实际库存余额核对相符。

（5）每月经济业务终了，如银行存款日记账与对账单不符，会计人员要编制银行存款余额调节表，并交财务主管审核。

5.3.2.7　库存的稽核

库存检查时，应注意下列事项。

（1）检查库存现金时，如在营业时间之前，应根据前一日库存中所载库存数目查点；如在营业时间之后，应根据现金簿中库存现款、银行存款查点；如在营业时间之内，应根据前一日现金簿中库存数目加减本日收支查点。同时还要检查支票签发数额与银行存款账卡是否相符，空白未使用支票是否齐全，作废部分有无办理注销。

（2）现金是否存放库内，如另存他处，应立即查明原因。

（3）库存现金有无以单据抵充现象。

（4）未到期票据等有关库存，也要检查，并核对有关账表、凭证单据。

（5）检查库存时，除查点数目、核对账簿外，还应注意其处理方法及放置区域是否妥当，币券种类是否区分清。

（6）汇出款项寄回的收据是否妥善保存，有无汇出多日尚未解讫的款项。

（7）内部往来账是否按月填制未达账明细表，账单是否依序保管。

（8）内部往来账或单位往来账是否经常核对。

（9）销售日报表的记载是否与银行存款相符。

（10）检查各单位周转金及准备金时，应注意其限额是否适当，有无零星付款的记录；所存现款与未转账的单据合计数，是否与周转金、准备金相符，有无不当的垫款或已付款，以及久未交货的零星支付。

5.3.2.8　各种质押品、寄存品及其他有价值的凭证单据的稽核

检查各种质押品、寄存品及其他有价值的凭证单据时，应注意其是否存放库内，并根据开出收据的存根副本及有关账册与库存核对，检查其是否相符、有无漏记，如另有其他存放地点，应查询原因并检查有关单据。

5.4　加强财务稽核的主要措施

5.4.1　实行激励考核机制，加强稽核工作执行力度

首先，工作人员必须对会计稽核工作有足够的热情、充分的重视、严格的执行力，这样才能进一步保证稽核工作的顺利实施。企业内部可以建立稽核考核机制，将会计稽核的工作业绩与奖金直接挂钩，这样才能够充分调动员工的积极性。工作人员应定期进行会计稽核工作，将出现的问题积极上报。相关人员对于出现的问题应尽快解决，并且提出稽核整改措施，下发到稽核人员手中，会计稽核人员要严格执行。相关管理者要定期进行考核，对表现优异的员工给予奖励，这样能够最大限度地提高工作人员的工作热情，提高会计稽核的工作效率。

5.4.2　培养复合型稽核人员

企业的竞争压力越来越大，人才在竞争中起着重要的作用，高技术、高素质人才能够引进新思想，更好地促进企业的经济发展。因此，人才成为了现在经济发展的重要因素，对企业经济发展起着至关重要的作用。随着社会经济的快速发展，企业内部的财务

管理方式也在不断创新，对综合型财会人员的要求也越来越高。会计稽核是一项复杂的工作，工作人员需要采用先进的技术，以最快的速度准确地做出会计稽核报告，找出问题所在，这需要由大量复合型高素质的稽核人员来完成。企业管理者要积极引进高素质稽核人员，并且对他们委以重任，而且也要加大投入成本，定期组织理论知识学习，进行实际操作培训，同时还要进行思想政治教育，提高稽核人员的思想觉悟。

5.4.3　提高财务稽核人员的独立性

企业内部要完善会计稽核工作，可以设立单独的会计稽核部门或者成立专门的稽核小组，明确具体的管理者，制定稽核工作的各项规章制度，实行责任到人的机制。这样能够增加稽核人员的工作压力，促进会计稽核工作的规范化、合理化。只有具备一定的独立性，会计稽核工作才能顺利实行，才能进一步促进会计核算和财务管理工作。因此，企业的管理者要充分重视会计稽核工作，不断完善会计稽核部门，确定专门的稽核管理者，制定严格的制度，使稽核工作走上正规化道路，以进一步促进稽核工作的实施。

5.4.4　建立并完善财务稽核制度

财务稽核制度是企业内部控制制度的重要组成部分，是会计机构本身对会计核算工作进行的一种自我检查或审核。建立完善的财务稽核制度，可以及时发现并纠正或制止日常会计核算工作中出现的错误、疏忽，并有效保证企业会计资料的真实性和准确性，进而提高会计核算工作的质量，促进企业更好地发展。

企业应根据本单位行业特点，组织制定财务稽核制度，并严格按照财务稽核制度规定的程序和方法对各主要环节进行稽核。内部稽核制度的主要内容包括稽核人员在各个阶段中的任务、审核或检查记账凭证时应注意的事项、核对有关账表的注意事项等。有了具体的财务稽核制度，必须严格执行，否则流于形式，制度也失去了意义。

5.4.5　设立企业内部资金控制流程

首先，企业要根据自身的规模大小、业务范围、行业性质等来确定企业的财务风险，然后，由专业的会计机构设计出适合企业的内部资金控制流程。企业可根据内部资金控制流程建立财务稽核工作规范，进而在稽核工作中给稽核工作人员提供相应的工作标准和规范。

5.4.6　营造良好的财务稽核工作环境

企业的负责人要严把稽核关，由财务资产部牵头，各部门配合，全面开展多项财务稽核监督工作。同时，企业财务人员要注重沟通交流，通过深入基层宣贯财务制度的方式，让各业务部门及时了解财务稽核工作的重要性，以营造良好的稽核工作环境。

5.4.7 科学安排日常财务稽核的重点工作

由企业财务人员对每张原始凭证进行审核，重点关注资金安全管理，债权债务管理，人工成本、工程项目管理等方面内容，对发现的问题按月分析，并将整改情况形成财务稽核报告。

🔍 【实例10】 ▶▶▶

某集团企业财务稽核管理办法

1.总则

1.1 为使集团财务稽核工作有据可循，根据国家财经法律法规和集团"财务管理规则"，特制定本办法。

1.2 本办法所称财务稽核分为内部稽核和外部稽核。

1.2.1 内部稽核是指集团各级财务部门依据国家财经法规、集团财务制度及各项内部控制流程，对会计核算工作与财务管理活动的合法性、真实性、完整性进行自我检核与评价，并定期出具内部稽核报告的控制机制。

1.2.2 外部稽核是指集团总裁室财务管理组及各子公司总经理室财务管理组按照核签的财务外部稽核计划，对集团各级财务部门的会计核算工作与财务管理活动进行独立、客观的再检核与再评价，并出具外部稽核报告的控制机制。

1.3 本办法适用于××公司（以下简称"集团公司"）及其下属子公司（以下简称"各子公司"，集团公司和各子公司统称为"集团"）的财务稽核管理工作。

2.内部稽核

2.1 内部稽核的目的及原则

2.1.1 目的

通过建立日常性的内部稽核机制，发现并及时反映各类异常事项，以确保集团会计核算与财务管理工作安全、规范、有序地运行。

2.1.2 原则

2.1.2.1 预防性原则

通过内部稽核控制，及时发现和处理集团各级财务部门在执行各项财务规章制度中出现的各种异常，以提高会计核算质量和财务管理水平。

2.1.2.2　日常性原则

由各稽核岗位的财务人员针对会计核算与财务管理活动，在日常工作中随时随地进行稽核，以减少会计核算差错和舞弊，防范财务风险。

2.1.2.3　回避原则

专（兼）职稽核员日常作业岗位与稽核岗位的设置应遵循不相容职务相互分离和回避的原则。

2.1.2.4　规范性原则

进行财务内部稽核时，必须以国家财经法规、集团各项财务制度及内部控制流程为依据。

2.1.2.5　分级管理原则

集团应建立分级稽核、分级报告的财务内部稽核体系。

2.2　内部稽核岗位及职责

2.2.1　集团各级财务部门应设专人执行总稽核员职责，并根据风险管控的需要及业务量的大小设置若干名一般稽核员。

2.2.2　内部稽核岗位和人员的设置，应按照集团内部控制的要求遵循回避原则。

2.2.3　集团公司内部稽核岗位职责

2.2.3.1　一般稽核员负责本岗位的稽核作业，在作业时针对发现的问题及时、准确地登记"日常稽核记录清单"，并于月底将其汇总为"日常稽核月度汇总表"。

2.2.3.2　总稽核员职责

（1）复核与汇总一般稽核岗位的"日常稽核月度汇总表"，编制"财务内部日常稽核报告"（以下简称为日常稽核报告）。

（2）集团公司财务部的总稽核员还应复核专项稽核工作底稿、交换意见记录等资料，编制"财务内部专项稽核报告"（以下简称为专项稽核报告）。

（3）总稽核员还应对各子公司或下属公司的财务稽核人员进行业务指导、作业检查、业务培训，组织经验交流。

2.2.3.3　各子公司稽核人员应配合集团公司组织实施的专项财务稽核工作。

2.2.3.4　各级财务内部稽核人员在实施稽核作业时，如发现有重大过错或舞弊事项，应及时向集团公司总裁室审计监察组报告。

2.3　内部稽核的方式

2.3.1　日常稽核。由各级财务部门负责实施，各稽核岗位人员应对本公司各项财务收支的所有会计凭证、账簿、报表及内部控制流程的执行情况进行全面复核。

2.3.2 专项稽核

2.3.2.1 针对集团集中业务所涉及的财务作业，或集团公司高层会议临时指定的项目，组成稽核小组，由集团公司财务部门依据集团高层会议的指示组织实施稽核作业。专项稽核可根据稽核期间、范围采取抽查稽核，必要时应进行全面稽核。采用何种方式，由稽核小组讨论决定，并形成会议记录，由总稽核员签字，装入稽核档案。

2.3.2.2 采用抽查方式的，抽查样本量的选取及依据，应在稽核方案中予以明确。

（1）集团公司财务部总稽核员应于年度末制订下一年度集团专项稽核计划，经集团公司财务部经理核签后实施，并报总裁室财务管理组备案。

（2）专项稽核应遵循计划性与临时性相结合的原则。

2.3.2.3 对于计划内的稽核项目，应事前通知被稽核单位，制定稽核方案。稽核结论形成后应与被稽核单位进行意见交换，然后编制稽核工作底稿和专项稽核报告，并对稽核中发现的异常事项进行跟催。

2.3.2.4 各子公司财务部门可参照集团公司专项稽核的模式开展专项稽核，同时要制订专项稽核计划，经本公司财务负责人核签后实施。

2.4 内部稽核的内容及范围

2.4.1 内部稽核的内容

2.4.1.1 各项财务制度、管理流程和授权是否得到较好的执行。

2.4.1.2 各会计要素的确认、计量与披露是否适当，是否与财经法规、公司制度相符。

2.4.1.3 会计政策及会计估计的使用是否遵循了一贯性原则。

2.4.1.4 财务各项收支是否执行了财务预算、资金计划、合同等有关规定。

2.4.1.5 原始凭证是否齐全、有效、合法。

2.4.1.6 在财务管理系统下，查核系统各项操作权限分配是否符合公司内部控制的要求。

2.4.1.7 其他需要进行稽核的内容。

2.4.2 内部稽核的范围

2.4.2.1 审核会计凭证。包括原始凭证和记账凭证。

2.4.2.2 审核会计账簿。

2.4.2.3 审核会计报表。稽核人员每月对本单位及下属公司会计报表进行全面审核；有管理口径报表的单位，还应对管理口径报表进行审核。

2.4.2.4 审核公司内部财务控制程序。重点审核收付款、费用报销、收入确认、成本费用摊提、资产盘亏盘盈、资产处置、账项核销等作业是否符合内部控制流程，是否符合授权权限。

2.5　内部稽核报告

2.5.1　内部稽核报告的分类

2.5.1.1　日常稽核报告：是指各级财务部门在日常财务外部稽核实施过程中，对所发现的各种异常事项形成的报告。

2.5.1.2　专项稽核报告：针对集团财务部门组织实施的专项财务外部稽核形成的报告。

2.5.2　日常稽核报告的编制

2.5.2.1　日常稽核作业的确认

（1）"日常稽核记录清单"中发现的异常，应由被稽核岗位人员签字确认。

（2）"日常稽核月度汇总表"应由总稽核员复核，并经财务一级主管签字确认。

（3）"日常稽核报告"应由财务一级主管复核，并经公司财务负责人或会计机构负责人签字确认。

2.5.2.2　日常稽核报告的编制与报送日期

（1）一般稽核员实施日常稽核作业时，对稽核中发现的异常随时记录，并登记"日常稽核记录清单"；稽核记录要清晰、完整，体现重要性原则；稽核记录所反映的问题要证据充分，制度依据明确。

（2）在集团规定的财务报表报出日后3个工作日内，一般稽核员汇总上月稽核记录，编制"日常稽核月度汇总表"，填写改善建议后报送总稽核员。

（3）季末，在集团规定的财务报表报出日后7个工作日内，总稽核员依据"日常稽核月度汇总表"完成"日常稽核报告"的编制。

2.5.3　专项稽核报告的编制

2.5.3.1　专项稽核作业的确认

（1）专项稽核作业工作底稿确认

专项小组成员在稽核作业时必须形成工作底稿，并经集团财务部总稽核员签字。遇重大问题时需要稽核小组讨论，形成会议记录，与会人员签署意见，作为稽核意见的依据，装入稽核档案。

（2）专项稽核报告（草稿）的沟通、与被稽核单位进行稽核意见的沟通是专项稽核的必经程序。稽核人员可依沟通的结论修改，或依职业判断坚持稽核意见。

2.5.3.2　专项稽核报告的编制

集团公司总稽核员依据工作底稿、会议记录、稽核报告（草稿）及与被稽核单位的沟通记录进行整理、再复核稽核档案资料，并编制"专项稽核报告"。

2.5.3.3 专项稽核报告的报送

报告编制完成后，按专项稽核计划中规定的时间节点报送。

2.5.4 财务内部稽核报告传递流程

2.5.4.1 日常稽核报告，以公文的形式报送本层级财务负责人签署意见后，再报送集团公司财务部，并报总裁室财务管理组备案。

2.5.4.2 专项稽核报告，由集团公司财务部总稽核员报集团公司财务部经理，同时报财务管理组组长。集团总裁指定的稽核事项，还应呈报总裁。

2.5.4.3 内部稽核报告应逐级上报，但在稽核中发现重大异常事项或舞弊案件的除外。

2.5.5 财务业务改善

2.5.5.1 针对财务部门内部的改善意见，在内部稽核报告报出后3个工作日内，由总稽核员召开本部门专业改善会议，进行自我检讨与改善。

2.5.5.2 针对业务部门的改善意见，在内部稽核报告报出后5个工作日内，应将本层级财务机构主管或公司财务负责人签署的"业务改善建议书"，以公文形式送达业务部门。

2.5.6 内部稽核报告的档案管理

2.5.6.1 内部稽核报告及其相关资料的存档，按集团"档案管理办法"的有关规定执行。

2.5.6.2 "日常稽核记录清单""日常稽核月度汇总表"应作为日常稽核报告的组成部分一并存档。

2.5.6.3 "日常稽核报告"与"专项稽核报告"的编号规则相同，均为四位，即年度后两位加两位流水号。

3.外部稽核

3.1 外部稽核的目的及原则

3.1.1 目的

通过系统化和规范化的方法，对集团财务信息的真实性、完整性及财务内部控制的有效性进行再评价，以防范财务风险，规范与改善业务流程，促进集团财务管理目标及集团发展战略目标的实现。

3.1.2 原则

3.1.2.1 独立性原则，是指外部稽核人员履行稽核职责时，应在形式上和实质上与被稽核对象保持相对独立，以避免干扰。

3.1.2.2 客观性原则，是指外部稽核人员的稽核结论应以客观事实为依据，实事求是，切忌主观臆断。

3.1.2.3 公正性原则，是指外部稽核人员在实施稽核时，应保持诚实客观、不偏不倚的态度和职业操守。

3.1.2.4 保密性原则，是指外部稽核人员在实施稽核时，应对获知的被稽核单位的各类信息予以保密，不得私自泄露。

3.2 外部稽核岗位及职责

3.2.1 集团公司总裁室财务管理组为集团外部稽核的管理机构，设置外部稽核岗位，负责组织实施集团外部稽核工作。

3.2.2 集团外部稽核的实施方式

3.2.2.1 由集团公司总裁室财务管理组人员组成的稽核小组具体实施，独立出具外部稽核报告。

3.2.2.2 由各子公司总经理室财务管理组具体实施，总裁室财务管理组汇总稽核意见，出具外部稽核报告。

3.2.2.3 由集团公司总裁室财务管理组抽调有关人员组成联合稽核小组，具体实施。

3.2.2.4 其他实施形式。

3.2.3 集团公司总裁室财务管理组应建立健全财务外部稽核制度、作业流程，并设计报告模板。

3.3 外部稽核的内容与方法

3.3.1 外部稽核的内容：对集团各级财务部门财务制度的执行情况，会计核算、资金管理、资产营运、成本控制、收益分配、重组清算、费用预算执行等会计核算与管理活动进行稽核并做出评价。

3.3.2 外部稽核方法是指稽核人员为了达到特定的稽核目的，对稽核对象进行检查、分析，并收集稽核证据，形成稽核结论和意见的技术手段。

3.3.3 外部稽核的基本方法（或称具体稽核程序）包括检查、监盘、观察、查询及函证、计算、分析性复核等。

3.4 外部稽核程序

3.4.1 外部稽核计划

3.4.1.1 稽核计划是指稽核人员为了顺利完成稽核工作，达到预期稽核目的，对一段时期的稽核工作任务或具体稽核项目做出的事先安排。

3.4.1.2 稽核计划一般包括年度稽核计划、月度工作计划、项目稽核方案三个层次。

（1）年度稽核计划是对年度稽核任务所做的事先安排，是组织实施年度工作计划的重要依据之一。

（2）月度工作计划是对某月份稽核项目的确认、时间及人力资源做出的综合安排。

（3）项目稽核方案是对具体稽核项目的稽核程序及时间等做出的详细安排。

3.4.2 外部稽核通知书

3.4.2.1 外部稽核通知书是指外部稽核部门在实施稽核项目前，通知被稽核单位（个人）接受稽核，并做好相关资料准备的书面文件。

3.4.2.2 外部稽核通知书应包括以下基本内容：

（1）被稽核单位及稽核项目名称。

（2）稽核目的及稽核范围。

（3）稽核时间，包括稽核外勤起止时间和稽核资料的归属期间。

（4）被稽核单位应提供的具体资料清单和其他必要的协助。

（5）稽核组成员名单。

（6）总裁室财务管理组的稽核印鉴和签发日期。

（7）重大稽核项目应附的稽核方案。

3.4.2.3 外部稽核项目责任人，应根据经过批准的稽核计划编制稽核通知书，并于稽核项目实施的7个工作日前，通过集团公文系统，向被稽核单位送达稽核通知书；不具备条件的，也可采用书面方式送达，或在实施稽核时送达，并同时附上稽核通知书回执单。

3.4.2.4 稽核通知书主送被稽核单位，必要时可抄送单位内部相关部门。涉及员工个人责任的稽核项目，还应抄送被稽核者。

3.4.2.5 被稽核单位接到稽核通知书后，应于稽核组进驻稽核现场前，通过公文系统反馈收到稽核通知书的信息；采用书面方式送达或在实施稽核时送达的，被稽核单位应在1个工作日内将签署的"稽核通知书回执单"送回稽核单位。

3.4.3 外部稽核证据与稽核发现

3.4.3.1 稽核证据：是指外部稽核人员为了得出稽核结论、形成稽核意见而使用的所有信息。包括会计报表所依据的会计记录中含有的信息和其他信息。

3.4.3.2 稽核发现：是指将稽核证据与财经法律法规、集团财务制度及控制流程进行对照后，对财务异常事项所做的记录。

3.4.4 外部稽核证据的取得

3.4.4.1 外部稽核人员应当根据稽核目标获取不同类型的稽核证据。

3.4.4.2 外部稽核人员一般采用抽样方法获取稽核证据。无论是进行控制性测试还是进行实质性测试，都应考虑样本的代表性，规避证据风险。

3.4.4.3 外部稽核人员在收集稽核证据时，对认为必要的稽核证据应当及时取证。在当时不能取得而以后稽核证据又可能灭失或难以取得的情况下，经稽核部门负责人批准，可以先行登记保存，保全稽核证据。

3.4.4.4 外部稽核人员应做好稽核证据的分类、筛选和汇总工作，并完整、清晰地记入稽核工作底稿。

3.4.5 外部稽核工作底稿

稽核工作底稿是指外部稽核人员在稽核过程中形成的稽核工作记录和获取的资料。在实施外部稽核时，外部稽核人员必须形成稽核工作底稿，作为支撑稽核发现和稽核结论的依据。

3.4.6 外部稽核质量控制

在实施外部稽核时，应对编制稽核通知书、设计稽核方案、收集稽核证据、编写稽核工作底稿、出具稽核报告、归集稽核档案等全过程实行质量控制。特别要对稽核工作底稿及"与被稽核单位交换意见书"实行分级复核。外部稽核报告报送前要经过财务管理组组长评审会议评审，以确保稽核意见的及时性、正确性及完整性。

3.4.7 外部稽核报告

外部稽核报告是指外部稽核人员根据稽核计划实施必要的稽核程序后，对被稽核单位内部财务控制的有效性、财务信息的真实性和完整性出具的书面评价文件。

3.4.8 外部稽核报告的内容

3.4.8.1 外部稽核报告应当包括以下主要内容：

（1）稽核概述：包括稽核目的、范围、依据等。

（2）稽核综合评价：是指稽核部门按照确定的稽核目标对被稽核单位内部财务控制制度、财务收支、经营效益等财务信息的真实性和完整性做出评价，并发表稽核意见的行为。

（3）稽核发现及建议：列示外部稽核过程中发现的问题，并提出具有操作性、改善性的稽核建议。

（4）稽核报告的附件：包括对稽核过程与发现问题的具体说明、被稽核单位的反馈意见等内容。

3.4.8.2 外部稽核报告的审核与发布

外部稽核报告经过"分级复核，一会评审"后，由稽核项目主稽核员、助理稽核员、稽核项目负责人签字确认，报经总裁室财务管理组组长复核后，按稽核报告报送流程执行。

3.4.9 外部稽核后续作业

外部稽核报告发布后，总裁室财务管理组及子公司总经理室管理组应对稽核意见的落实情况进行跟催，并进行自我评价。

3.4.9.1 总裁室财务管理组应对被稽核单位对稽核建议的采纳和落实情况进行监督和评价，重点应关注整改类建议的落实情况，并定期出具后续稽核报告。

3.4.9.2 总裁室财务管理组及子公司总经理室管理组应对外部稽核报告中所提意见的质量进行自我检讨与评审，以逐步完善和提升意见的质量。

3.4.10 外部稽核档案管理

外部稽核档案管理按集团"档案管理办法"执行。

附件一：

××× 公司日常稽核记录清单

被稽核岗位：		作业类别：	稽核员姓名：	操作岗位：
序号	稽核日期	凭证号	问题简要描述	制度依据	被稽核岗位签字
1					
2					
3					
4					

附件二：

日常稽核月度汇总表

年　　月

稽核作业类别	异常汇总	原因分析	改善建议	备注
凭证稽核				
账簿稽核				
报表稽核				
内部财务控制程序稽核				

部门主管：　　　　　　　　　　　　　　　稽核员：

 **学习笔记**

请对本章的学习做一个小结，将你认为的重点事项和不懂事项分别列出来，以便进一步学习、提升。

本章重点事项
1. _____
2. _____
3. _____
4. _____
5. _____
6. _____
7. _____
本章不懂事项
1. _____
2. _____
3. _____
4. _____
5. _____
6. _____
7. _____
个人心得
1. _____
2. _____
3. _____
4. _____
5. _____
6. _____
7. _____

第6章
财务风险控制

 学习目标：

1.了解财务风险的类别、企业财务风险的基本特征、企业财务风险的产生原因，掌握企业财务风险的分析指标。

2.了解财务风险管理的原则，树立财务风险管理的意识，掌握财务风险控制机制、财务风险管理体系的建设要点及财务风险防范的常见措施。

6.1 财务风险概述

财务风险是指企业因财务结构不合理、融资不当使企业可能丧失偿债能力而导致投资者预期收益下降的风险。

6.1.1 财务风险的类别

企业的财务风险贯穿于生产经营的整个过程，可分为筹资风险、投资风险、经营风险、存货管理风险和现金流量风险等几个方面，如表6-1所示。

表6-1 财务风险的类别

序号	风险类别	风险说明
1	筹资风险	筹资风险指由于资金供需市场、宏观经济环境发生变化，使企业筹集资金给财务成果带来不确定性
2	投资风险	投资风险指企业投入一定资金后，因市场需求变化而使最终收益与预期收益偏离
3	经营风险	经营风险是指在企业的生产经营过程中，供、产、销各个环节的不确定因素导致企业资金运动迟滞、企业价值变动
4	现金流量风险	现金流量风险产生于企业正常的运营过程，由于权责发生制与收付实现制的偏离，导致企业货币资金回收的金额和回收时间不确定，此时，企业债务规模过大或债务期限结构不合理，有可能会使偿债能力急剧下降，现金支出压力陡升，进而陷入财务困境
5	存货管理风险	保持一定量的存货对企业进行正常生产来说是至关重要的，但如何确定最优库存量是一个比较棘手的问题。存货太多会导致产品积压，占用企业资金，风险较高；存货太少又可能导致原料供应不及时，影响企业的正常生产，严重时还可能造成对客户的违约，影响企业的信誉
6	连带财务风险	是指企业其他各项关联活动失败而诱发的风险。如，企业为其他单位提供贷款担保而可能产生的财务风险
7	外汇风险	由于汇率变动而引起的企业财务成果的不确定性，包括交易风险、换算风险、投机风险等

财务风险广泛存在于企业的经营管理活动中，并且对企业财务目标的实现有着重要的影响，是无法回避和忽视的。因此，在财务管理工作中，只有充分了解财务风险的特征，才能对其进行有力的防范和化解。

6.1.2 企业财务风险的基本特征

企业财务风险的基本特征，如图6-1所示。

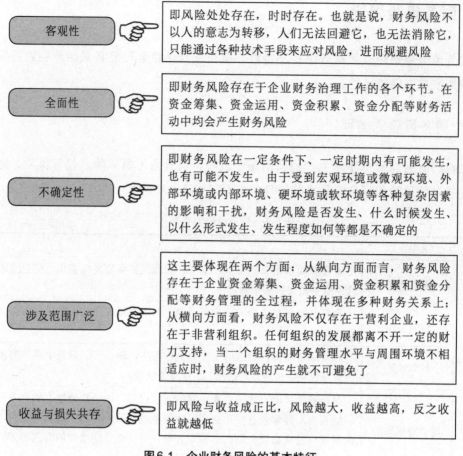

图6-1　企业财务风险的基本特征

本图中的文字内容：

客观性：即风险处处存在，时时存在。也就是说，财务风险不以人的意志为转移，人们无法回避它，也无法消除它，只能通过各种技术手段来应对风险，进而规避风险

全面性：即财务风险存在于企业财务治理工作的各个环节。在资金筹集、资金运用、资金积累、资金分配等财务活动中均会产生财务风险

不确定性：即财务风险在一定条件下、一定时期内有可能发生，也有可能不发生。由于受到宏观环境或微观环境、外部环境或内部环境、硬环境或软环境等各种复杂因素的影响和干扰，财务风险是否发生、什么时候发生、以什么形式发生、发生程度如何等都是不确定的

涉及范围广泛：这主要体现在两个方面：从纵向方面而言，财务风险存在于企业资金筹集、资金运用、资金积累和资金分配等财务管理的全过程，并体现在多种财务关系上；从横向方面看，财务风险不仅存在于营利企业，还存在于非营利组织。任何组织的发展都离不开一定的财力支持，当一个组织的财务管理水平与周围环境不相适应时，财务风险的产生就不可避免了

收益与损失共存：即风险与收益成正比，风险越大，收益越高，反之收益就越低

6.1.3　企业财务风险产生的原因

不同企业财务风险形成的具体原因也不尽相同，总体来说，有以下几个方面。

（1）企业财务管理系统不能适应复杂多变的宏观环境

企业财务管理的宏观环境复杂多变是企业产生财务风险的外在原因。众所周知，持续的通货膨胀将使企业资金供给持续短缺，货币性资金持续贬值，实物性资金相对升值，资金成本持续升高。例如，世界原油价格上涨导致成品油价格上涨，使企业增加了运营成本，减少了利润，无法实现预期收益。而利率的变动必然会产生利率风险，如利息支付过多的风险、产生利息的投资发生亏损的风险和不能履行偿债义务的风险等。市场风险因素也会对财务风险有很大的影响。这些因素存在于企业之外，但对企业财务管理产生了重大影响。宏观环境的变化对企业来说，是难以准确预测和无法改变的，宏观环境的不利变化必然给企业带来财务风险。财务管理的环境具有复杂性和多变性等特点，外部环境变化可能为企业带来某种机会，也可能使企业面临风险。财务管理系统如果不能适应复杂多变的外部环境，必然使企业理财陷入困境。

（2）缺乏科学性导致财务决策失误而产生财务风险

财务决策失误是产生财务风险的最直接原因。目前，我国企业的财务决策普遍存在着经验决策和主观决策等现象，这导致决策失误经常发生，从而产生财务风险，具体表现如图6-2所示。

| 表现一 | 固定资产投资决策缺乏科学性，导致投资失误 |

在固定资产投资决策过程中，由于企业对投资项目的可行性缺乏周密、系统的分析和研究，加之决策所依据的经济信息不全面、不真实以及决策者决策能力低下等原因，导致投资决策失误频繁发生。决策失误使投资项目不能获得预期收益，投资无法按期收回，从而为企业带来巨大的财务风险

| 表现二 | 对外投资决策失误，导致大量投资损失 |

企业对外投资包括有价证券投资、联营投资等。由于投资者对投资风险的认识不足，缺乏科学的论证，导致企业盲目投资和投资决策失误，使企业产生巨大的投资损失，由此产生很大的财务风险

| 表现三 | 筹资规模和结构决策不当，导致财务风险产生 |

在我国，有的企业盲目地扩大生产规模，而本身资金又不够，只好对外筹集大量的债务资金，造成资金结构不合理，债务资金占全部资金的比例过高。很多企业的资产负债率达30%以上，使企业财务负担沉重，偿付能力不足，由此产生财务风险

图6-2 产生财务风险的表现

（3）企业财务管理者对财务风险的客观性认识不足

许多企业的财务管理人员缺乏风险意识，认为只要管好、用好资金，就不会产生财务风险。风险意识淡薄是财务风险产生的重要原因之一。由于我国市场已成为买方市场，企业普遍存在产品滞销的现象。一些企业为了增加销量，扩大市场占有率，采用赊销方式销售产品，使企业应收账款大量增加。同时，企业在赊销过程中，由于对客户的信用等级缺乏了解与控制，盲目赊销，造成应收账款失控，使大量的应收账款长期无法收回，直至成为坏账。资产长期被债务人无偿占用，也会严重影响企业资产的流动性及安全性，给企业带来巨大的财务风险。

（4）企业内部财务关系混乱

企业内部财务关系混乱是财务风险的又一重要成因。企业在资金管理、利益分配等方面存在的权责不明、管理混乱等现象，使得资金使用效率低下，资产流失严重，资金

的安全性、完整性无法得到保证。如企业资金结构不合理、负债资金比例过高等。资金结构主要是指企业全部资金中权益资金与负债资金的比例关系。由于筹资决策失误等原因，企业资金结构不合理的现象普遍存在，具体表现为，负债在资金结构中比例过高。

（5）内部财务监控机制不健全

内部财务监控是企业财务管理系统中一个非常重要且独特的部分，为使其充分发挥职能作用，企业不仅应该设置独立的组织机构，还应根据企业的特点，建立起一套比较完整的、系统的、强有力的内部财务监控制度，这样才能保证企业内部财务监控系统的高效运行。而大多企业没有建立内部财务监控机制，即使有，财务监督制度的执行也不严格，特别是有的企业，管理与监督合二为一，缺乏资产损失责任追究制度，对财经纪律置若罔闻，难以进行有效的约束，这样极易引发财务风险。

（6）企业理财人员素质不高，缺乏风险意识

任何系统的运行，人都是非常重要的条件，高素质的理财人员，更是企业不可多得的财富。就目前的情况看，企业理财人员的综合素质和业务素质都有待提高，其理财观念和理财方法，特别是职业道德和职业判断能力，还不能在更大程度上适应市场经济环境的要求。

6.1.4 企业财务风险的分析方法

虽然财务风险无法准确预期，但也不是无法预测。企业可以通过有关经营、财务指标来评价风险水平的高低。财务风险的评价分析可以用两种方法进行，即杠杆分析法和概率分析法。

（1）杠杆分析法

杠杆分析法是指通过对财务杠杆系数（DFL）的分析来衡量企业融资风险的大小及财务杠杆利益的高低。财务杠杆系数是指普通股每股税后利润（EPS）变动率相对于息税前利润（EBIT）变动率的倍数，其公式为：DFL=（ΔEPS/EPS）/（ΔEBIT/EBIT）=EBIT/（EBIT–I）。企业使用财务杠杆的目的是想通过长期债务或发行优先股来对企业资产进行资金融通，并对这些资产加以合理充分的利用，产生一个高于固定资本成本的投资报酬率，从而提高普通股的每股收益。然而，长期债务的利息、租赁合同下的租金及优先股股息等是固定性支出，如果企业对其所拥有的各项资产加以利用后，所赚回的利润低于这些固定性支出时，则必须用普通股收益来弥补这个差额，从而会使普通股的收益率低于企业的投资收益率，甚至会出现亏损。由此可见，企业使用财务杠杆越多，固定性费用支出越大，因而DFL系数越高，对权益资本变动的影响越大，融资风险就越高。

（2）概率分析法

财务风险程度除了可依据杠杆系数原理评价分析外，也可采用概率法度量。度量的

过程一般借助权益资本收益率的期望值，用经济状态（概率）下的可能收益率（Ki）、期望收益率（K）和概率分布（Pi）来计算标准离差。标准离差指可能收益率与期望收益率的偏差程度，标准离差越大，表明风险越大。由于标准离差不便在同行业企业之间比较，故还需要计算标准离差率。标准离差率越大，风险也就越大。各种可能收益率下的概率，可依据企业历史资料，结合市场分析和行业特点、现状、前景及社会经济环境的影响综合确定。概率分析法的指标，如表6-2所示。

表6-2　概率分析法的指标

序号	指标名称	指标说明
1	流动比率	流动比率，是指全部流动资产与流动负债的比率。公式：流动比率=流动资产合计/流动负债合计，一般认为流动比率应控制在2左右，且不应低于1
2	速动比率	速动比率，指流动资产扣除存货后与流动负债的比率，用来衡量企业某一时点动用随时可变现资产、立即偿付到期债务的能力。通常认为，正常的速动比率为1，低于1，则认为企业短期偿债能力偏低。公式：速动比率=（流动资产合计−存货）/流动负债合计
3	资产负债率	资产负债率，指负债总额与全部资产的比率，主要用来衡量企业利用负债进行经营活动的能力，并反映企业对债权人投入资本的保证程度。当企业经营前景较为乐观时，可适当提高资产负债率，以获取负债经营所带来的收益。若企业经营前景不佳，则应减少负债，降低负债率，以降低财务风险
4	存货周转率	存货周转率，指销售成本与平均存货的比率，该指标是流动比率的补充，用于衡量企业一定时期内存货资产的周转次数，同时也是反映企业购、产、销平衡效率的一种尺度。由于存货约占企业流动资产的一半，有时尽管流动比率很高，但存货变现能力较差，也不能真实地反映企业的短期偿债能力。一般来说，存货周转速度越高，表明企业变现能力越强
5	应收账款周转率	应收账款周转率，指销售收入与平均应收账款的比率，该指标是流动比率的补充，用于衡量企业应收账款周转的速度。企业的应收账款周转率越高，平均收账期越短，说明应收账款收回速度越快，企业变现能力越强，所涉及的财务风险也就越小
6	现金流量指标	现金流量指标，指经营活动现金净流量与当期长期负债和流动负债的比例，用来衡量企业偿还到期债务的能力。该比率越高，企业偿还到期债务的能力越强，企业资产的流动性越好

6.2　财务风险管理

6.2.1　财务风险管理的原则

企业财务风险管理，应当遵循图6-3所示的原则。

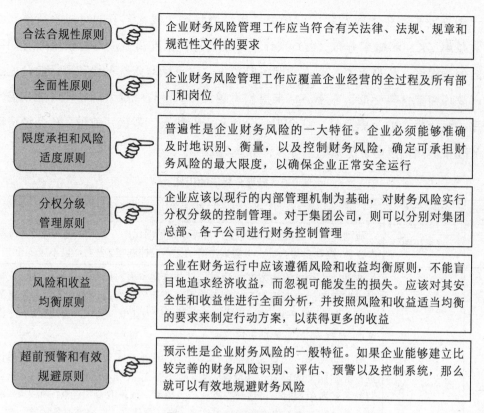

合法合规性原则	企业财务风险管理工作应当符合有关法律、法规、规章和规范性文件的要求
全面性原则	企业财务风险管理工作应覆盖企业经营的全过程及所有部门和岗位
限度承担和风险适度原则	普遍性是企业财务风险的一大特征。企业必须能够准确及时地识别、衡量，以及控制财务风险，确定可承担财务风险的最大限度，以确保企业正常安全运行
分权分级管理原则	企业应该以现行的内部管理机制为基础，对财务风险实行分权分级的控制管理。对于集团公司，则可以分别对集团总部、各子公司进行财务控制管理
风险和收益均衡原则	企业在财务运行中应该遵循风险和收益均衡原则，不能盲目地追求经济收益，而忽视可能发生的损失。应该对其安全性和收益性进行全面分析，并按照风险和收益适当均衡的要求来制定行动方案，以获得更多的收益
超前预警和有效规避原则	预示性是企业财务风险的一般特征。如果企业能够建立比较完善的财务风险识别、评估、预警以及控制系统，那么就可以有效地规避财务风险

图6-3　财务风险管理的原则

6.2.2　财务风险管理的意识

（1）企业必须树立正确的风险意识

在激烈的市场经济竞争中，企业进行财务活动不可避免地会遇到风险，勇于承担并善于分散风险，是企业成功的关键。一般来说，风险与收益的大小成正比，用西方财务理论中资本资产的定价模型表述：某资产收益率=无风险收益率+该资产风险系数×（市场平均收益率−无风险收益率）。从这个公式看，资产的风险系数越大，收益率越高，甚至可获得高额的风险报酬，但风险越大，无疑会有失败的可能性。企业不能只顾追求收益，不考虑发生损失的可能，企业在进行财务管理时，必须全面分析每一项具体财务活动的收益和安全性，按照风险和收益均衡的要求来决定采取何种方案。

（2）提高企业经营管理水平，增加管理者的风险意识

企业要认真研究国家的产业政策，以市场为主体，不断开发新产品。而对不断变化的市场经济，企业应设置合理、高效的财务管理机制，同时配备高素质的管理人员，以提高企业的生产经营管理水平。在利益分配上，企业应兼顾各方利益，调动企业的激励机制，激发企业员工的积极性，从而真正做到责、权、利相结合。企业除了加强生产经

营管理以外，还要增加财务风险的防范意识，使企业的经营者和管理者充分认识到财务风险存在于企业财务管理的各个环节，增强企业管理者的风险意识，避免企业因管理不善而造成的财务风险。

6.2.3　财务风险控制机制

（1）建立财务预测机制和预警系统

财务预测是指对未来融资需求的估计。准确的财务预测对于防范财务风险有重要作用，通过财务预测和风险预警，企业能在财务风险实际发生之前，捕捉和监视各种细微的迹象变动；能预先知道自己的财务需求，提前安排融资计划，估计可能筹措到的资金。这样企业就可以了解筹资满足投资的程度，再据以安排企业生产经营和投资，从而使投资与筹资相联系，避免两者脱节造成的资金周转困难。而且，预测也包括了对未来各种可能前景的认识和思考，通过预测可以提高企业对未来不确定事件的反应能力，从而减少不利事件出现带来的损失。同时，通过建立预警系统，使企业具有风险自动预警功能，一旦发现财务风险信号，就能准确地传至管理者，以防事态逐步扩大。

（2）建立财务风险的全程控制机制

它包括图6-4所示的三个步骤。

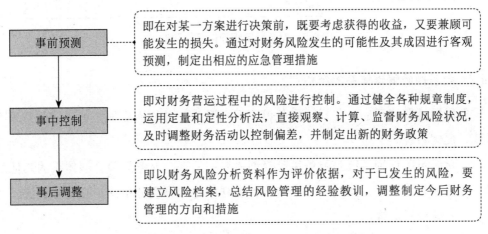

图6-4　建立财务风险全程控制机制的步骤

6.2.4　财务风险管理体系

6.2.4.1　财务风险管理体系的职能

通过以上企业财务风险的分析，我们可以看到，为了实现企业生存、发展、盈利的经营目标及企业价值最大化的财务管理目标，财务风险管理体系应具有图6-5所示的职能。

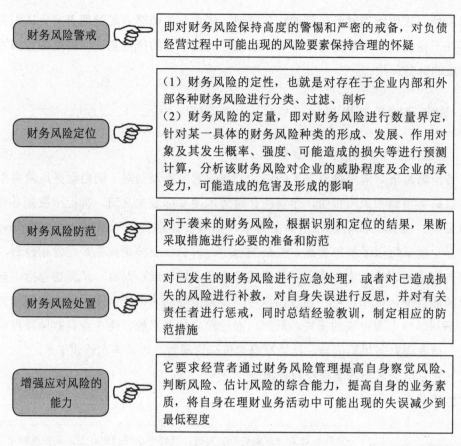

图6-5 财务风险管理体系的职能

6.2.4.2 财务风险管理体系的结构

财务风险管理体系应该包括：财务风险识别系统、财务风险预警系统、财务风险防范系统、反馈系统。

（1）财务风险识别系统是财务风险管理体系的根基，财务风险管理体系的其他部分都是以它为基础完成的。其具体方法是多种多样的，如预测分析法、环境分析法、动态分析法、系统分析法等。

（2）财务风险预警系统就是根据企业的具体情况，选择一些可行指标，并对这些指标设置一个临界点，在临界点以内则为"绿灯区"，证明是安全的；而在"红灯区"，应发出相应的风险警示信号。企业财务风险预警指标体系通常应包括分析企业盈利性及其稳定性指标、分析企业偿债能力及其可靠性指标、分析企业资本结构及其稳定性指标、分析企业资金分布及其合理性指标和分析企业成长能力及其持续性指标。

（3）财务风险防范系统主要靠防范企业财务风险的主要措施来实现，防范企业财务风险的主要措施包括图6-6所示的内容。

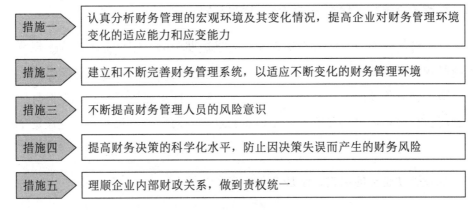

图6-6 防范企业财务风险的措施

（4）反馈系统是对财务风险管理成果的评估，这需要企业内部信息流动顺畅，要有成果评价机制，要能分析财务风险管理的成败及其原因，以便能够对财务风险管理体系进行改进。

6.2.5 财务风险防范的常见措施

6.2.5.1 明确企业财务决策的目标

企业对各种可行的决策方案要认真进行分析、评价，从中选择最优的决策方案，切忌主观臆断。评价时要充分考虑财务风险，并将各种财务风险分析方法综合运用，对财务决策进行实施和控制。财务决策的实施和控制是财务风险管理的中心环节，企业应该对财务决策实施过程进行积极的控制，合理控制企业财务风险。

6.2.5.2 适度负债，合理安排资本结构，确保财务结构平衡

（1）正确把握负债的量与度，企业息税前利润率大于负债成本率是企业负债经营的先决条件。

（2）适度利用财务杠杆作用，合理控制财务杠杆的副作用。

（3）合理安排资本结构，实现资金成本最低化。企业必须权衡财务风险和资金成本的关系，确定最优的资本结构。

6.2.5.3 建立企业全面预算制度，正确预测现金流量情况

全面预算制度是协调的工具、控制的标准、考核的依据，预算涉及企业现金收支的各个方面和各个环节，所以对风险可以产生一种系统性的控制。在全面预算的基础上，准确编制现金流量预算，是企业加强财务管理、有效防范财务风险工作中特别重要的一环。

6.2.5.4　加强资产管理，提高营运能力，增强盈利水平

企业资产对负债能力有两方面的影响：一是短期影响，即企业资产的变现能力对偿债能力的影响。资产变现能力，尤其是流动资产的变现能力，可直接影响可用现金流量的多少，决定企业负债能力的高低。二是长期影响，即企业资产盈利能力对负债能力的影响。资产盈利能力可直接影响企业整体盈利水平，而保持高盈利水平往往是企业负债能力高、财务风险相对低的有效保证和标志。

6.2.5.5　加速流动资金的周转，增加企业的现金流量

流动资产主要是指企业的应收账款和存货，它们在流动资金中的比重较大。流动资金是个不断投入、不断回收的循环过程，循环时间的长短直接影响着企业的现金流量。如果企业加速资金的周转，资金闲置的可能性就会减少，支付能力就会增强。所以，企业要加强应收账款管理，制定和选择正确的信用标准、信用条件，利用编制账龄分析表，及时掌握客户所欠款项的情况；同时企业还应完善赊销手续，建立赊账责任制，对发生的应收账款实行"谁审批、谁负责"的管理方式。对于存货，企业应加强采购、生产、销售、仓储环节的控制，及时处理呆滞积压物资，最大限度地减少损失和资金的占用。

6.2.5.6　优化企业的投资策略

企业应优化投资决策，减少因决策失误而产生的财务风险。投资决策正确与否，直接关系到企业财务管理工作的成败，同时还影响着企业的经济效益。对于一个投资项目，企业应该从各个方面去加以分析和研究，要考虑国家的投资政策、市场的供求变化，还要组织高技术的专门人才制定多种方案，并采取科学的方法，从中选取最优的投资方案，从而减少企业因投资决策所带来的财务风险。

6.2.5.7　运用多种财务策略，尽可能减少风险损失

在风险预测和分析的基础上，坚持尽可能减少风险费用损失的原则，针对不同的情况采取相应的措施，如图6-7所示。

6.2.5.8　实行全员风险管理

企业应实行全员风险管理，将风险机制引入企业内部，使管理者、员工、企业共同承担风险责任，做到责、权、利三位一体，对每项存在风险的财务活动实行责任制。

各部门、各员工要明确其在企业财务管理中的地位、作用、职责及被赋予的相应权力，做到权责分明，各负其责。另外，在利益分配方面，企业应兼顾各方利益，调动各部门参与企业财务管理的积极性，从而真正做到责、权、利相统一。

风险接受策略 ☞	企业可以依据稳健原则建立起"坏账准备金"制度，可以依据需要设立专项储备或提取风险基金。为应对市场变化，企业还应有一定数量的保险库存
风险回避策略 ☞	对于超过企业承受能力的风险和风险较明显且影响因素很难控制的生产经营项目，企业的决策者应根据自身的经营特点和财力，正确权衡收益和风险的得失，或采取回避政策，或制定出正确的判断标准，求得风险取舍的最佳选择
风险分散策略 ☞	多元化经营是现代企业分散风险的重要方法。其理论依据在于，不同行业或产品的利润率、更新换代周期是独立的、不完全相关的，所以经营多种产业、多种产品在时间、空间和损益上是相互补充和抵消的。一般财力雄厚、技术和管理水平较高的大型企业更愿意采用这种方法

图6-7 减少风险损失的财务策略

🔍【实例1】▶▶▶

某公司重构财务风险控制体系

一、××公司概述

××公司是一家以投资物业为核心业务的国有企业，主要负责近30万平方米商业物业的租赁与日常运营。公司管理的经销商近500家，商户性质复杂，涉及业务内容从经销商管理、活动宣传到××业务、××业务、××业务、××业务、××业务、××业务等，流程节点繁杂，且涉及除商户、公司各部门以外的工商、税务及媒体等多个部门的交叉业务环节，管理难度较大，容易出现控制薄弱或空白的情况，从而产生管控风险。通过全面梳理公司财务管控体系，发现公司主要存在以下几个方面的问题：

1.公司现有制度虽然较为全面，但缺乏对关键风险的重点控制与管理

××公司拟定的相关财务风险管控制度包含核算、分析、预算、档案管理等诸多内容，但从实际操作效果来看，制度建设虽然数量居多，但重点不突出，不成体系，忽略了对关键节点的控制，财务风险控制工作效率和质量难以保证。

2.公司对财务风险的识别和预警力度不够，对风险的过程控制关注不够

公司现有制度体系是成立近20年来逐步形成的，除日常业务以外，其他大部分制度均是在发现问题或总结其他企业经验之后进行补充完善的，在实际操作中往往

表现为被动接受风险，而无法体现事前和事中控制的理念。

3.信息系统缺乏统一规划，造成风险管控的瓶颈或断层

目前，公司建立的大大小小的信息系统分别归属于各部门，且开发平台各异，数据口径各异。系统推进过程中仅考虑部门自身业务的信息需求，缺乏跨部门之间的系统交流，无法形成统一的标准化信息数据，甚至出现部分信息系统缺失以及形成部门"信息孤岛"。信息系统无法高效发挥作用，财务信息及时性和准确性难以保证，给公司经营和管理带来潜在的财务风险。

4.激励与约束机制缺失，职能部门及员工管控风险主动性和积极性有待提高

公司在日常管理中更多地关注上级集团公司下达的经营目标总体完成情况，缺乏对内部管理尤其是风险管控的系统考核机制，由此员工的关注重点有时与公司风险控制实际需要发生偏离，从而降低了财务风险识别与防范的及时性。

二、××公司财务风险控制体系构建思路

通过对××公司财务风险控制体系存在问题的全面梳理，结合公司业务和管理现状，我们拟借助流程管理的优势，围绕公司核心业务，搭建公司财务风险控制体系。

1.全面梳理财务制度

按照公司财务职能，从资金管理、预算管理、财务核算、财务分析、税收管理等业务板块，对现有制度进行重新梳理，将公司经营活动涉及的所有业务过程与关键环节显性化，重新界定每个制度制定的目标、范围，对于存在重合的部分内容重新划分，对于缺失的内容进行补充。通过制度梳理，全面了解风险的来源，为后期识别风险，制定科学流程、管理体系夯实基础。

2.识别关键业务流程与关键环节流程的财务风险

由公司相关业务部门与财务部门配合，根据部门职责细化内容，全面、细致地识别关键业务与关键环节存在的风险点。只有准确高效定位关键业务、关键环节流程中存在的财务控制风险点，才能为后面最大限度地降低和合理控制风险提供线索。

3.组织推进流程设计

在财务风险管控中，如果说制度梳理和风险识别是基础，那么，流程设计就是实现风险控制的保障。流程设计的合理性将直接影响风险管控的质量。在流程设计中要重点关注两个方面：一是在流程设计上要体现管控要求，即对流程运行过程中隐藏的风险进行识别与判断，设计专门环节来防范或降低风险；二是在流程设计上要体现流程运转的过程控制，即业务流程在运行过程中，需要留下关键点痕迹以控制风险，这种痕迹必须在流程设计上体现。

（1）内部环境

××公司作为国内知名的××产业交易有形市场，经营项目内容与业务交叉节点日益增多，而在确保公司经营效益稳步提升的前提下，人工成本增幅是既定的，这就要求我们在既定的组织架构与人员设置条件下，进一步优化内部环境，提高管理效益。

针对原来粗放式分解经营目标存在的潜在控制风险，公司成立了全面预算管理工作领导小组，该小组由总经理办公会成员及相关职能部室负责人组成，由财务部主控，详细分解收入、成本费用预算及资产购置控制目标，细化控制流程，明确流程节点控制责任人，切实降低盲目经营或低效经营带来的财务风险。同时，成立员工考核管理工作领导小组，该小组由总经理办公会成员、党总支、行政办公室、人力资源部、财务部组成，从员工工作业绩、业务技能、风险控制三个方面对员工进行管理考核。

（2）风险评估

财务部作为××公司的财务风险评估主控部门，从定性控制流程和定量控制流程两个路径进行风险评估。定性主要通过"各部门风险点与防控措施自查明示表""各部门小金库自查明示表"等从各主要部门、关键岗位、关键业务环节，进行每季度拉网式自查。各相关岗位负责人及主管领导分别对自查内容签字确认，并将签字确认后的自查结果于公司公示栏进行一周的公示，接受××公司所有员工及经销商的监督。其间，财务部组织专门人员对自查结果进行抽查复核。如对公示结果存有异议，或财务部复核的自查结果与实际情况有出入，财务部将书面上报考核管理工作领导小组，责成定期整改，并对整改进度与效果进行有效控制。

定量主要是结合定性控制结果与预算完成控制结果，将各部门的经营指标预算完成情况与风险控制情况汇总，与相应的预算目标、控制目标进行对比，并按照既定权重进行量化分析，形成各部门的评估报告。员工考核管理工作领导小组将结合评估报告与员工工作技能等进行量化考核，同时根据每季度考核结果对员工进行年终绩效考核激励。

（3）控制活动

××公司作为全国最大的××产业交易有形市场，其租金收入是营业收入的重要组成部分。对租金收入的管理是财务风险控制的重要内容，而对应收账款的精细化管理更为重要。针对××公司经销商类型多、数量大、应收账款情况复杂等情况，拟出台"应收账款预警流程管理细则"，以"数据准确、预警及时"为原则，将应收账款按照量化标准，分为四级预警等级，并对具体预警等级中各责任部室、责任岗位应采取的措施制定明确的流程规范，对各类拖欠租金现象做到早发现、早预警、早沟通、早处置，将欠租风险降到最低，为公司营业收入"颗粒归仓"提供切实可行的保障。

为进一步降低公司人工成本，增加公司经营效益，××公司对保安人员与保洁人员采取外包方式进行管理。××公司建立、完善了"招投标流程细则"，对保安公司与保洁公司的整个招投标流程进行规范管理。保洁、保安公司合同必须每年一签，年末接受公司的综合考核评价。公司根据考核结果决定是否续约。

（4）信息与沟通

目前运行的出入库管理系统、品牌管理系统、租赁合同管理系统、经销商信息系统等数据管理平台各异、口径偏差大、数据合并难度大、信息重复或缺失等现象严重。为彻底改变这种低效管理带来的数据失真、防控滞后等财务风险，由专业的软件开发公司在细致调研所有经营业务流程的基础上，以"防控财务风险，实现信息传递流程规范化、精准化"为准绳，为××公司量身打造专业的××管理系统。该系统整合涉及经销商管理与××产品管理的所有信息化管理需求，并实现与财务报表相关数据的无缝对接，有效控制潜在的"跑、冒、滴、漏"现象，确保每一项业务流程有条不紊，每一个业务交叉节点管理清晰、流畅，从而带动整个公司运行节奏高效、有序。

（5）内部监控

××公司目前在内部监控方面更多地依靠部门与部门之间的相互监督控制，缺乏内部监督的专业性和主动性。为全面提升××公司内部控制水平，在公司目前不具备设立内部审计部门的情况下，拟建立以总经理办公会、纪检办公室、财务部为成员的内控监督小组。由该小组对公司整体的风险控制状况进行定期与不定期相结合的监督检查。同时，结合外部第三方独立审计和上级集团公司定期内控审计查找出来的问题，加强对公司相关内控方面存在问题的整改推进，确保公司内部控制的有效性，合理控制公司财务风险。

4.加强流程管控的持续优化

流程管控是一个持续发展的过程。内外部环境、经营业务、管理层经营思路以及人员的变化，均会对既定的流程体系产生影响。因此，我们在流程管控过程中，要充分关注流程管理的动态性，及时应对经营变化带来的风险转移。

在加强流程管控的持续优化方面要围绕两个原则开展：一是定期加强业务与流程的梳理，对于发展期企业，梳理频度要大，而对于成熟企业可以适度延长；二是要重视流程再造的过程，即通过应对新产生的风险或业务变化带来的风险而进行流程设计，或者对原有流程整体重构。

在公司财务风险控制体系的搭建上，要严格以流程管理为中心，通过流程管理实现控制目标风险的目的。但在流程管理过程中要充分体现成本效益的原则，过于追求风险管控的万无一失，有时候会适得其反。本文所阐述的"流程管理为中心"，并非所有的业务均需要流程建立、实施及再造等过程，而是要针对识别出来的关键业务和风险，确定对关键节点的控制，保持流程管控的适度性，合理控制风险。

【实例2】 ▶▶▶

某公司财务风险管理制度

1. 目的和依据

为完善××股份有限公司（以下简称公司）财务风险管理，防范和化解财务风险，防止或减少因财务风险造成的损失，促进公司长期稳健发展。依据《中华人民共和国公司法》（以下简称《公司法》）、《企业内部控制基本规范》要求以及"××公司章程"等相关规定，结合公司实际，制定本制度。

2. 适用范围

本制度适用于公司，下属子公司可参照本制度执行。

3. 财务风险释义

3.1 财务风险的定义

指公司在各项财务活动中由于受到内外部环境及各种难以预计或无法控制的因素影响，使公司财务状况偏离正常范围及造成财务损失的可能性。

3.2 财务风险包括的主要内容

财务风险贯穿于公司各个财务环节，是各种风险在财务上的体现。它主要包括投资风险、筹融资风险、现金流风险、利率风险、汇率风险等。

3.2.1 投资风险。包括股权投资、风险投资和项目投资所产生的风险。投资风险就是由于公司受到各种难以预计或控制因素的影响使投资收益达不到预期目标或产生损失的风险。

3.2.2 筹融资风险。是指公司在筹融资活动中由于宏观经济环境、资金市场变化或筹融资来源结构、期限结构、币种结构等因素给财务成果带来的不确定性。

3.2.3 现金流风险。是指公司现金流出与流入在时间上不衔接导致无法及时偿还到期负债所形成的风险。

3.2.4 利率风险。利率风险是指在一定时期内由于利率水平的不确定性变动而导致经济损失的可能性。

3.2.5 汇率风险。汇率风险是指在一定时期内由于汇率变动引起的外汇业务收益的不确定性。

4.管理规定

4.1 财务风险管理原则

4.1.1 全面性原则。公司财务风险管理要能全面覆盖企业经营，贯穿决策、执行和监督全过程及相关部门和岗位。

4.1.2 重要性原则。公司财务风险控制应当在全面性基础上，关注重要业务事项和高风险领域。

4.1.3 制衡性原则。公司财务风险控制应当在公司治理、机构设置及权责分配、业务流程等方面形成相互制约、相互监督，同时兼顾运营效率。

4.1.4 适应性原则。公司财务风险管理的措施办法要适合公司实际情况并能够得到贯彻执行和发挥作用，而且要随着公司情况变化及时加以调整。

4.1.5 成本效益性原则。公司通过财务风险管理实现的收益要高于用于财务风险管理的成本以及可能的损失。

4.2 财务风险管理体制

4.2.1 公司风险管理组织系统由股东大会、董事会、监事会和经理层组成，并行使相应的管理职能。

4.2.2 股东大会根据《公司法》和"××公司章程"，行使公司经营方针、筹资、投资、利润分配等重大事项的决策权。

4.2.3 董事会制定公司的基本管理制度，确保公司整体风险的识别，并向股东大会报告工作，主要包括以下内容的风险评估：

（1）股权和重大建设项目投资。

（2）年度财务预算中的筹融资。

（3）公司上市、发行公司债券。

（4）公司购买、出售重大资产。

（5）资产抵押、质押及其他担保事项。

（6）在执行股东大会决议过程中发现的风险。

（7）股东大会授予的其他风险管理职权。

4.2.4 监事会对股东大会负责，监督公司董事、经理和其他高级管理人员依法履行职责。

4.2.5 经理层负责组织实施股东大会、董事会的决议事项，督促各项内部管理措施和规章制度贯彻实施，包括风险管理信息的收集、筛选、整理、传递、报告等工作；定期测评风险；负责建立财务风险管理的预警系统，通过分析，对不同性质和程度的风险发出警报，及时采取防范及化解措施。其主要职责包括：

（1）负责设立或指定风险管理部门。

（2）负责财务风险管理信息系统的建设。

（3）负责财务风险管理预警系统的建设。

（4）负责财务风险管理监控系统的建设。

4.3 财务风险识别

4.3.1 识别财务风险是财务风险管理的基础工作，要求做到及时、全面、综合和连续。各职能部门应建立信息来源系统，对公司的业务经营及预算执行情况、筹资计划、投资分析、市场信息、同行业政策、法律环境等信息资料，运用对比分析法做出初步判断。

4.3.2 财务风险识别可采用多种多样的方法进行，应针对不同的风险事项选择不同的方法。公司主要采取以下方法进行分析：

（1）调研法。通过对公司各项财务活动的调研分析，掌握所面临的财务风险。

（2）报表分析法。以公司的各种统计和财务报表为依据，运用比率分析、趋势分析和因素分析等方法进行判断。

（3）业务流程分析法。将公司各项财务活动按照内在的逻辑关系建立流程图及内控制度，对每个环节进行调研，从而揭示其薄弱之处。

（4）综合意见法。充分征求各部门、相关专家的意见，发挥各部门的协同能力和专家学者的专业判断能力。

（5）合同执行跟踪法。公司财务部、审计部、法律信用部根据签订的合同要素，对合同的执行进行跟踪报告，及时发现业务过程中面临的财务风险。

（6）案例分析法。对公司内外以往案例的经验和教训进行对比分析，以此判断风险。

4.4 财务风险评估

4.4.1 在风险识别的基础上，依据相关的风险信息，运用量化的方法来评估风险发生的可能性和损失的严重程度。公司的整体风险评估，依据集团要求，按照省国资委下发的《省属企业财务风险测评参考指标体系》，结合本行业平均值执行。筹资、项目建设、并购等单项业务的财务风险采用其他专项办法进行评估。

4.4.2 公司进行整体测评的主要指标为：速动比率、已获利息倍数、资产负债率、或有负债比率、应收账款周转率、不良资产比率、带息负债比率、盈余现金保障倍数、流动资产周转率、资产现金回收率。

（1）整体测评可采用指标实际完成值与行业标准值对比的方法，分析各项指标及综合测评结果在行业发展中的水平。其中，各单项指标可直接与行业标准值对比来判断风险水平。

（2）整体测评工作按需要开展。

（3）应用测评结果发现问题或存在重大异常的，要综合考虑公司所处行业、发展阶段、发展趋势等方面因素，按照定量分析与定性分析相结合的原则，对公司面临的主要财务风险形成原因等进行深入分析，有针对性地提出改进和解决措施，并及时报送相关报告。

4.4.3 投资项目的风险测评。在对投资项目风险识别的基础上进行风险评估。

（1）项目风险测评由对公司承担项目可行性研究的单位和部门提出，其可研报告内容必须包括盈亏平衡分析、敏感性分析、组合性分析等。可行性研究须符合国家的标准和规范。

（2）公司对项目的测评重点为：决策程序是否合规合法、项目建设是否符合公司的产业发展方向、项目建设对公司整体发展的影响。

（3）项目风险测评实施动态管理，按建设进度，不定期进行跟踪管理。对可行性研究报告与实际发生的差异进行评估，包括内容和数据差异的分析。

4.4.4 筹资风险评估，包括债务筹资风险评估和股权融资风险评估。债务筹资风险是指公司举债后因各种原因导致债务到期不能及时偿还的可能性；股权融资风险是指以股权方式融资时，由于发行数量、发行时机、筹资成本等原因可能造成的损失，包括筹资后的营运风险。

（1）债务筹资风险评估可采用杠杆分析、概率分析、指标分析、未来现金支付能力分析等方法进行分析。

（2）股权融资风险评估主要对潜在股权结构变化导致的控制权变化、资本结构变化导致的公司投资收益变化、融资时机选择等进行比较分析。

（3）并购风险评估。并购风险是指公司由于并购所涉及的未来收益的不确定性，造成的未来实际收益与预期收益之间的偏差。包括不协同风险（管理风险、规模风险、筹资风险、企业文化风险、经营风险）、政策风险、体制风险、反收购风险、自然灾害风险、环境责任风险、行为风险。可采用资料分析法、实地调查法等进行分析。经公司批准，并购工作组可聘请中介机构进行风险评估。

4.5 财务风险控制

公司财务风险控制管理主要采取以下策略：

4.5.1 财务风险规避。通过分析和判断风险产生的条件和影响程度，对风险程度超过公司风险承受能力且很难掌握的财务活动予以回避。

4.5.2 财务风险预防。公司各项决策和行为应遵守国家的方针政策、"××公司章程"的规定；各项财务活动应严格执行公司的各项管理制度，按本制度4.4的要求进行风险评估。

4.5.3 分散财务风险。选择不同的投资项目、时间、融资方法进行财务风险的分散。

4.5.4 财务风险转移。公司可采用保险法、合同法、转包法、处置法等转移部分财务风险。

（1）保险法。公司依据不同的财务活动与保险公司进行协商，通过对保险成本与可能获得的收益比较，来决定是否使用保险的办法控制可能发生的财务风险。

（2）合同法。通过签订合同或协议等文件，明确各方的权利和义务，包括投资、销售、结算方式、远期合约、公证、特别约定等，来进行财务风险的转移。

（3）转包法。公司可将不熟悉的经营活动交由一些专业的机构或部门去完成，运用外包的方法转移财务风险。

（4）处置法。对于经过风险评估预期不能满足公司发展战略、投资效益安全性的项目，公司应及时处置，转移财务风险。

4.6 财务风险报告

4.6.1 财务风险报告包括定期、不定期报告。公司按集团的要求向集团进行报告。

4.6.2 对公司整体风险应定期评估，对发现的风险及时提示。对项目（股权）投资、筹资、并购、期货等行为事项实行同步跟踪管理及报告。

4.6.3 各职能部门根据所承担的风险管理职责向分管领导报告工作，内容包括风险识别、风险评估和控制策略，并由分管领导及时提交公司总经理办公会议讨论。

4.6.4 总经理对需董事会决策的风险管理事项应及时报告；董事会应做出决议或负责向股东大会报告。

4.7 风险管理内部监督

4.7.1 各职能部门根据公司经营计划、业务规则及实际情况制定本部门的作业流程，同时分别在授权范围内对关联部门及岗位进行监督，并承担相应职责，各部门应配合工作。对重要业务的重要岗位，设置稽核岗，履行后续监督；对公司各项制度在本部门的执行情况定期检查。

4.7.2 公司管理层对各部门、各项业务的风险状况进行全面监督并及时制定相应对策，实施控制措施。

4.7.3 在董事会领导下，风险管理委员会（或指定的风险管理机构）负责全面掌握公司整体风险情况。风险管理委员会定期审阅公司内部制度及风险控制相关文件，根据需要，经董事会同意，对内部风险控制制度及相关文件进行修改、完善，保证风险控制与业务发展同步进行。

4.7.4 公司监事会按"××公司章程"的规定，对风险管理进行内部监督。重点监督公司决策是否合规；董事会及高管层是否按照"公司章程"的规定进行决策，是否按本制度的规定对相关业务进行风险评估和控制。

4.8 风险管理绩效评估

4.8.1 董事会负责对风险管理绩效评估。其主要内容为风险管理制度的执行情况，包括有效性、成本效益性、经验教训、存在的问题和改进意见等。

4.8.2 公司总经理办公会对风险控制实施动态管理，并对各项风险评估报告及控制情况进行检查评估，对发现的问题及时提出意见。

附件：财务风险监测主要指标

1.速动比率（短期偿债能力）＝（流动资产－存货）÷流动负债×100%

2.已获利息倍数（长期偿债能力）＝（利润总额＋利息支出）÷利息支出

3.资产负债率（资本结构）＝负债总额÷资产总额×100%

4.或有负债比率（资本结构）＝或有负债余额÷（所有者权益＋少数股东权益）×100%

其中：或有负债＝已贴现承兑汇票＋担保余额＋贴现与担保外的被诉事项金额＋其他或有负债

5.应收账款周转率（资产质量状况）＝主营业务收入净额÷平均应收账款×100%

6.不良资产比率（资产质量状况）＝年末不良资产总额÷（资产总额＋减值准备余额）×100%

其中：年末不良资产总额＝资产减值准备＋应提未提和应摊未摊的潜亏挂账＋未处理资产损失

7.带息负债比率（负债结构）＝（短期借款＋一年内到期的长期负债＋长期借款＋应付债券＋应付利息）÷负债总额×100%

8.盈余现金保障倍数（现金保障能力）＝经营现金净流量÷净利润

9.流动资产周转率（资产运用效率）＝主营业务收入净额÷平均流动资产总额×100%

10.资产现金回收率（资产运用效率）＝经营现金净流量÷平均资产总额×100%

学习笔记

请对本章的学习做一个小结，将你认为的重点事项和不懂事项分别列出来，以便进一步学习、提升。

本章重点事项
1. _____
2. _____
3. _____
4. _____
5. _____
6. _____
7. _____
本章不懂事项
1. _____
2. _____
3. _____
4. _____
5. _____
6. _____
7. _____
个人心得
1. _____
2. _____
3. _____
4. _____
5. _____
6. _____
7. _____

第7章
财务分析

 学习目标:

1.了解财务分析的基础,掌握三大表格的基本内容、作用。

2.了解各种财务分析方法,掌握各种方法的实际操作步骤、要领。

3.了解各项财务分析指标的定义,掌握各项财务分析指标的分析方法和要点。

4.了解财务分析报告的定义、内容,掌握财务分析报告的写作要领。

7.1 财务分析的基础

财务分析是评价企业经营业绩及财务状况的重要依据，在企业财务管理中起着重要的作用。通过对企业财务状况的分析，可以了解企业现金流量状况、运营能力、盈利能力、偿债能力。通过分析比较将可能影响经营成果与财务状况的微观因素和宏观因素、主观因素和客观因素加以区分，可以划清责任界限，客观评价经营者的业绩，提高经营管理者的管理水平；使企业内部管理人员可以了解经营情况、挖掘潜力、及时发现企业存在的问题，找出经营的薄弱环节，改善经营管理模式。

企业财务分析是以会计报表为基础。为了与国际惯例接轨，我国企业一般采用资产负债表、损益表、现金流量表三种报表进行分析。

7.1.1 资产负债表

资产负债表是从总体上概括反映企业在一定会计期间全部资产、负债和所有者权益的会计报表。它反映企业在特定日期的财务状况，因而可称为企业财务状况表。

7.1.1.1 资产负债表的主要内容

资产负债表是根据"资产＝负债＋所有者权益"这一会计基本等式编制的，因此该表主要包括以下内容。

（1）企业所拥有的各种资产（经济资源）。

（2）企业所负担的债务（负债）以及企业的偿债能力（包括短期与长期的偿债能力）。

（3）企业所有者在企业所持有的权益（所有者权益）。

（4）企业未来财务状况的变动趋势。

7.1.1.2 资产负债表上项目的分类与排列

资产负债表一般分为三大部分。

（1）资产。它是按流动性程度的高低顺序排列，即先流动资产，后非流动资产；而非流动资产再划分若干个大类。

（2）负债。负债按到期日由近到远的顺序排列，即先流动负债，后非流动负债（指长期负债）。

（3）所有者权益。所有者权益按永久性递减的顺序排列，即先实收资本，后资本公积、盈余公积，最后是未分配利润。

7.1.2　损益表

损益表，也叫利润表，是用来反映企业在一定会计期间内经营成果及分配情况的会计报表。它是以"利润=收入−费用"这一会计等式为依据编制而成的。

7.1.2.1　损益表的主要内容

这主要有三大块：其一是收益（包括营业收入、投资收益和其他收益）；其二是所有费用（包括营业费用、其他费用与损失）；其三是报告期利润总额和净利润额。

7.1.2.2　损益表的作用

（1）可以正确反映和评价企业的经营成果，掌握企业净利润增减的原因。

（2）准确评估企业投资的价值和获利能力，衡量企业在经营管理上成功的程度。

（3）判断投资者所投入资本的安全程度。

（4）判断企业在未来一定时期内的盈利趋势。

7.1.3　现金流量表

现金流量表是反映企业在一定会计期间内从事经营活动、投资活动和筹资活动等对现金及现金等价物产生影响的会计报表，编制这一报表的目的是提供企业在一定会计期间内现金流入与现金流出的有关信息。

7.1.3.1　现金流量表的作用

（1）可供报表使用者评估企业在未来会计期间产生净现金流量的能力。

（2）评估企业偿还债务及支付企业所有者投资报酬（如股利）的能力。

（3）分析企业的利润与营业活动所产生的净现金流量发生差异的原因。

（4）会计年度内影响或不影响现金的投资活动。

7.1.3.2　现金流量表的主要内容

（1）经营活动产生的现金流量。

（2）投资活动产生的现金流量。

（3）筹资活动产生的现金流量；此外，还有汇率变动对现金的影响额，现金及现金等价物的净增加额。

7.2　财务分析的方法

7.2.1　趋势分析法

趋势分析法是将连续数年的财务报表上有关项目按金额或以某一年为基期进行比较，计算趋势百分比，以揭示财务状况和经营成果的变化和发展趋势。

趋势分析法主要是通过编制比较财务报表来进行的，既有按金额编制的比较财务报表，又有按百分比编制的比较财务报表。

由于趋势百分比分析均以基期为计算基础，因此基期的选择必须慎重。基期的选择要求具有代表性或正常性条件，否则，运用百分比比较得出的结果没有意义，还可能引起误解。

趋势分析法举例，如表7-1所示。

表7-1　趋势分析法举例

项目	2019年	2020年	2021年	2022年	2023年
销售收入（元）	230 000	200 000	240 000	260 000	300 000
净收益（元）	105 000	100 000	110 000	118 000	141 000
项目	2019年	2020年	2021年	2022年	2023年
销售收入（元）	100.00%	86.96%	104.35%	113.04%	130.43%
净收益（元）	100.00%	95.24%	104.76%	112.38%	134.29%

7.2.1.1　比较分析法

（1）概念

比较分析法就是将两个或两个以上的相同项目的财务数据直接进行比较，以发现财务指标变动差异及其趋势的方法。

对两期或两期以上的财务报表相同项目进行分析，既可采用直接比较法了解该项目金额的增减变动情况（如2021年某上市公司销货成本为8 000万元，而2020年的销货成本为7 500万元），也可采用相对比较法即百分比法比较该项目金额的增减变动百分比。在进行比较分析时，除了可以研究单个项目的变化趋势外，还可以针对特定项目之间的关系进行分析，以揭示其隐藏的问题。

（2）比较分析法的具体形式

① 根据财务报表分析的要求与目的，主要分为如图7-1所示的三种比较。

对比较报表上的财务数据，要选择重点项目进行分析，并非所有的项目都要进行分析。

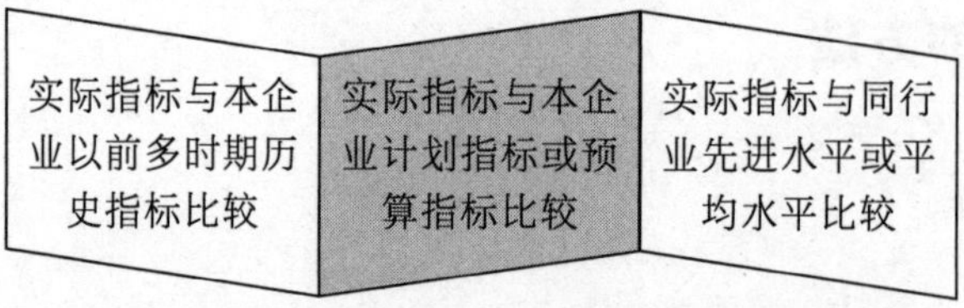

图7-1　根据财务报表分析的要求与目的进行的比较

② 按指标数据形式的不同，分为图7-2所示的两种比较。

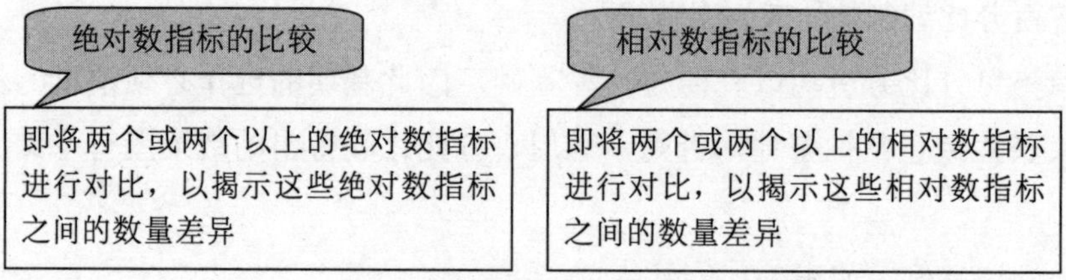

图7-2　按指标数据形式的不同进行的比较

③ 比较分析法的常见形式——比较财务报表，即将最近两期或数期财务报表数据并列在一起编制的报表。

比较财务报表研究同一项目在不同期间变动的情况，列示出财务报表各项目前后两期或多期的金额对比，并计算其增减变动金额和百分比，以便于分析者应用，如表7-2所示。

表7-2　比较损益表或利润表

项目	2022年（元）	2023年（元）	金额增减（元）	百分比增减
销售净额	2 600 000	3 000 000	400 000	15.38%
减：销售成本	1 755 000	2 100 000	345 000	19.66%
销售毛利	845 000	900 000	55 000	6.51%
减：营业费用	561 600	528 000	−33 600	−5.98%
利息费用	49 400	60 000	10 600	21.46%
加：其他收益	1 300	15 000	13 700	1 053.85%
税前收益	235 300	327 000	91 700	38.97%
减：所得税费用	117 300	132 000	14 700	12.53%
净收益	118 000	195 000	77 000	65.25%
EPS（元/股）		2.22		
DPS（元/股）		1.636		

注：EPS 为 earnings per share 的缩写，即每股收益。

　　DPS 为 dividend per share 的缩写，即每股股利。

（3）运用比较分析法需要注意的问题

运用比较分析法时，需要注意对比指标之间的可比性。指标可比性，指所对比的同类指标之间在指标内容、计算方法、时间长度等方面完全一致。

① 实际财务指标与标准指标的计算口径保持一致。

② 实际财务指标与标准指标的时间覆盖面保持一致。

③ 实际财务指标与标准指标的计算方法保持一致。

④ 绝对数指标比较与相对数指标比较需要同时进行。

（4）实际进行比较分析时需要注意的问题

① 物价水平的差异导致数据差异。

② 不同会计处理与计价方法导致差异。

③ 企业经济类型的不同、财务规模的变动、财务工具与财务政策的调整，都会导致差异。

7.2.1.2 指数趋势分析法

当需要比较三年或三年以上的财务报表时，比较分析法就变得比较麻烦了，这时最好运用指数趋势分析法。

指数趋势分析的具体做法为：分析连续数年的财务报表时，以其中一年的数据为基期数，将基期的数值确定为100，其他各年的数据分别转换为基期数的百分数，然后比较分析相对数的大小，得到有关项目的变化趋势。

在某种程度上，与趋势百分比分析法类似，指数趋势分析法只不过将百分数100%，直接换成了100。

7.2.2 共同比分析法

共同比分析，即采取纵向分析的垂直方式，对同一期间财务报表中不同项目间的关系进行比较分析。纵向分析主要通过编制共同比财务报表来进行。

共同比财务报表，是将财务报表上某一关键项目的金额作为100%，而将其余项目换算为对关键项目的百分比，以显示各项目的相对地位或重要性。

共同比报表分析的优点为：显示出各项目的相对重要性，便于不同时期财务报表的相同项目进行比较。

共同比财务报表的形式，主要有以下两种。

（1）共同比损益表：以销售净额为关键项目，把它作为100%，其余项目的金额都与之比较，计算百分比（见表7-3）。

（2）共同比资产负债表：分别以资产总额、负债及所有者权益总额为100%，计算组成项目所占的百分比。

表7-3　共同比损益表举例

项目	2022年	2023年	变动情况
销售净额	100%	100%	0%
减：销售成本	70%	67.50%	−2.50%
销售毛利	30%	32.50%	2.50%
减：营业费用	19.40%	21.60%	2.20%
利息费用	2.00%	1.90%	−0.10%
加：其他收益	0.50%	0.05%	−0.45%
税前收益	9.10%	9.05%	−0.05%
减：所得税费用	4.40%	4.51%	0.11%
净收益	4.70%	4.54%	−0.16%

7.2.3　比率分析法

比率分析法是利用两个指标之间的某种关联关系，通过计算比率来考察、计量与评价企业财务活动状况的一种分析方法。

比率分析是相关联的不同项目、指标之间进行比较，来说明项目之间的关系，并解释和评价由此所反映的某方面情况，例如，流动资产与流动负债进行比较可以考察短期偿债能力。

企业在采用比率分析法进行分析时，需要根据分析的内容和要求，计算出有关的比率，然后进行分析。由于各种比率的计算方法各不相同，其分析的目的以及所起的作用也各不相同。根据计算方法的不同，财务比率大体上可以分为三类。

7.2.3.1　相关比率分析

相关比率是指同一时期财务报表中两项相关数值的比率。这一类比率分类及举例，如图7-3所示。

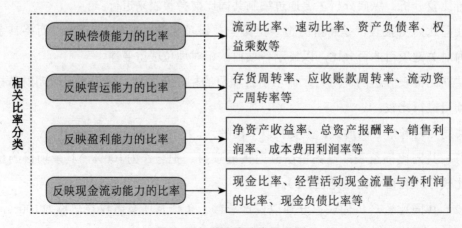

图7-3　相关比率分类及举例

7.2.3.2 结构比率分析

结构比率是指财务报表中个别项目数值与全部项目总和的比率。这类比率揭示了部分与整体的关系，通过不同时期结构比率的比较还可以揭示企业财务业绩构成和结构的发展变化趋势。结构比率的计算方法通常是：

$$结构比率 = \frac{指标某部分的数值（部分）}{该指标的总体数值（总体）} \times 100\%$$

结构比率指标通常表现为各种比重，在财务报表分析中，常用的结构比率如图7-4所示。

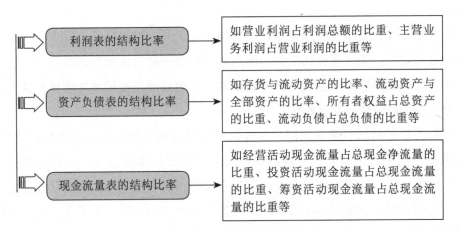

图7-4 财务报表分析中常用的结构比率

S公司的现金流量汇总表如下所示。

S公司合并现金流量汇总表

2023年12月31日   单位：元

项目	2023年累计数	比重（%）	2022年累计数	比重（%）
经营活动产生的现金流量净额	375 607 515.06	17.72	5 858 283 255.29	56.51
投资活动产生的现金流量净额	-4 870 383 034.60	-229.80	-943 626 261.99	-9.10
筹资活动产生的现金流量净额	6 726 621 688.79	317.38	5 417 346 347.70	52.25
汇率变动的影响	-112 420 012.03	-5.30	35 231 794.74	0.34
现金及现金等价物净增加额	2 119 426 157.22	100.00	10 367 235 135.74	100.00

从上表可见，2023年S公司产生的现金流量中，经营活动产生的现金流量为正，占17.72%，与2022年经营活动现金流量占56.51%相比，下降较多；投资活动产生的现金流量为负，占-229.80%，与2022年的-9.1%相比，下降较多；筹资活动产生

的现金流量为正，占317.38%，与2022年的52.25%相比，提高较多。因此，2023年S公司的现金流量主要是筹资活动产生的，经营活动产生的现金流量较少，投资活动主要是现金流出，说明公司对外投资较大，同时也说明公司的主营现金流量不足，需要引起注意。

7.2.3.3　动态比率分析

动态比率是指财务报表中某个项目不同时期的两项数值的比率，又称为趋势分析或水平分析。

企业的经济现象受多方面因素变化的影响，只从某一时期或某一时点上很难完整地分析企业财务状况的发展规律和趋势，因而必须把若干数据按时期或时点的先后顺序整理为数列，并计算出它的发展速度、增长速度、平均发展速度和平均增长速度等，这样才能探索它的发展规律和发展趋势。

根据财务指标时间特征的不同，财务指标的时间数列可分为时期数列和时点数列。时期数列反映某种经济现象在一定时期内发展过程的结果及总量，它是各个时期的数值不断累计的结果。例如，销售收入、利润总额等利润表项目所构成的数列就是时期数列。时点数列表明在特定时点上某种经济现象所处状态的数值。由于各时点上的数值大部分都是现象的重复，因此时点数列不能复加，例如，年末的资产总额、所有者权益总额、流动资产余额等资产负债表项目所构成的时间数列就是时点数列。

根据财务指标的时间数列，可以计算出相关指标的增长量、发展速度等，来反映相关财务指标的发展规律。

（1）增长量

增长量反映某种经济现象在一定时期内所增加（或减少）的绝对数，是比较期与基期的差额。由于作为比较标准的时期不同，增长量指标分为逐期增长量（即把前一期作为基数逐期比较）和累计增长量（即把各个比较期统一与某个固定基期比较）。增长量的计算公式为：

$$增长量＝比较期数值（报告水平）－基期数值（基期水平）$$

（2）发展速度

发展速度是表明某种经济现象发展程度的比率，它是全部数列中各比较期与基期水平之比。根据比较标准的时期不同，发展速度分为定基发展速度和环比发展速度。定基发展速度是报告期水平与某一固定期间水平对比；环比发展速度是各期水平与前一期水平对比。

$$定基发展速度 = \frac{分析期某指标数值}{固定基期该指标数据} \times 100\%$$

$$环比发展速度 = \frac{分析期某指标数值}{前期该指标数据} \times 100\%$$

在财务报表分析中使用动态比率分析，能够将连续数年的财务报表中的某重要项目进行比较，计算该项目前后期的增减方向和幅度，以说明企业财务状况或财务成果的变动趋势。

下面以净利润为例进行趋势分析。

1. S公司的主营业务收入数据如下表所示。

S公司主营业务收入趋势分析表

项目	2021年	2022年	2023年
主营业务收入（元）	2 266 274 254.52	19 523 874 580.35	104 083 576 146.63
定基发展速度（%）	100	861.50	4 592.72
环比发展速度（%）	100	861.50	533.11

从上表的数据可见，该公司主营业务收入3年来呈现大幅度增长趋势，环比增长，2022年增长率达861.50%，2023年增长率达533.11%；定基增长，2022年增长率达861.50%，2023年达4 592.72%。

2. S公司的净利润数据如下表所示。

S公司净利润趋势分析表

项目	2021年	2022年	2023年
净利润（元）	5 408 236 840.66	1 366 722 187.95	1 102 705 187.44
定基发展速度（%）	100	25.27	20.39
环比发展速度（%）	100	25.27	80.68

由上表的数据可见，从总体趋势看，该公司的净利润呈增长趋势，尤其是2022年增长更加迅速，与2022年相比，2023年的定基发展速度为20.39%，环比发展速度为80.68%。

单独观察上述两表，都会给我们留下较好的印象，即该公司处于高速增长状态。但是，如果将两表结合起来观察则发现，尽管该公司的利润增长速度也较高，但是远远低于收入的增长速度，说明该公司在收入增长的同时，收入利润率却呈现下降趋势。由此可见，在运用动态比率分析时，不仅要分析单个项目的发展速度或增长速度，还要进行相关指标发展速度的对比分析和财务比率发展速度的分析，这样才能较全面地掌握公司的发展状况和发展规律。

7.2.4　因素分析法

因素分析法是依据财务指标与其驱动因素之间的关系，从数量上确定各因素对指标影响程度的一种方法。

7.2.4.1　因素分析法的适用范围

因素分析法适用于多种因素构成的综合性指标分析，如成本、利润、资金周转率等方面的指标。

7.2.4.2　因素分析法的技术意义

企业的财务活动是复杂的，如企业利润的形成及多少，要受到商品销售额、费用、税金等因素的影响和制约，即任何一项综合性财务指标，都是受许多因素影响的，而各因素之间的组合和排列又有多种形式，这些因素的不同变动方向、不同变动程度对综合指标的变动都具有重要的影响。

要想在错综复杂的、相互起作用的诸多因素中，分别测定出各个影响因素对综合性财务指标变动的影响程度，就必须运用抽象法，即在假定其他因素不变，而只有其中某一因素变动的情况下，来测定这一因素的影响程度。

7.2.4.3　因素分析法的形式及运用程序

因素分析法可分为连环替代法和差额分析法两种形式。差额分析法实际上是连环替代法的一种简化形式。

连环替代法是把财务指标分解为各个可以计量的因素，再根据因素之间的内在逻辑关系，顺次地测定这些因素对财务指标的影响方向和影响程度的一种方法。

连环替代法的运用步骤，如图7-5所示。

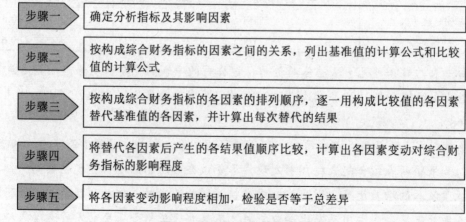

图7-5　连环替代法的运用步骤

第一步：确定分析指标及其影响因素。

运用指标分解法，将财务总指标进行分解或扩展，从而得出分析指标与其影响因素之间的关系式：

$$Y=a \times b \times c$$

例如，资产净利率可以进行如下的分解：

$$资产净利率 = \frac{净利润}{平均总资产}$$

$$= \frac{总产值}{平均总资产} \times \frac{销售收入}{总产值} \times \frac{净利润}{销售收入}$$

$$= 资产生产率 \times 产品销售率 \times 销售净利率 \quad ①$$

根据公式①的分解可见，企业资产净利率的影响因素有资产生产率、产品销售率和销售利润率三个因素。这三个因素分别反映了企业的生产效率、销售效率和生产成本水平。对资产净利率进行分解，并按照因素分解进行分析，便能够发现影响资产净利率变动的具体原因，进而为提高资产净利率提供科学、准确的指导。

例如，净资产收益率可以进行如下的分解：

$$净资产收益率 = \frac{净利润}{平均净资产}$$

$$= \frac{净利润}{销售收入} \times \frac{销售收入}{平均总资产} \times \frac{平均总资产}{平均净资产}$$

$$= 销售净利率 \times 总资产周转率 \times 权益乘数 \quad ②$$

公式②即著名的杜邦财务系统。

对净资产收益率还可以进行如下分解：

$$净资产收益率 = \frac{净利润}{平均净资产}$$

$$= \frac{息税前利润}{销售收入} \times \frac{销售收入}{平均总资产} \times \frac{税前利润}{息税前利润} \times \frac{平均总资产}{平均净资产} \times \frac{净利润}{税前利润}$$

$$= 经营利润率 \times 总资产周转率 \times 财务成本效应 \times$$

$$财务杠杆效应 \times 税收效应$$

第二步：按构成综合财务指标的因素之间的关系，列出基准值的计算公式和比较值的计算公式。

基准值：$Y_0 = a_0 \times b_0 \times c_0$ ③

比较值：$Y_1 = a_1 \times b_1 \times c_1$ ④

差异值：$\Delta'Y = Y_1 - Y_0$，即为分析对象。

第三步：按构成综合财务指标的各因素的排列顺序，逐一用构成比较值的各因素替代基准值的各因素，并计算出每次替代的结果。

替代排列在第一位置的 a，用 a_1 替换 a_0：

$$Y_2 = a_1 \times b_0 \times c_0 \qquad ⑤$$

替代排列在第二位置的 b，用 b_1 替换 b_0：

$$Y_3 = a_1 \times b_1 \times c_0 \qquad ⑥$$

替代排列在第三位置的 c，用 c_1 替换 c_0：

$$Y_1 = a_1 \times b_1 \times c_1 \qquad ⑦$$

注意：以上各式中，Y_2、Y_3、Y_1 分别表示 a、b、c 三个因素变动影响形成的结果值。

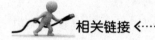 **相关链接**

确定因素顺序

应用因素分析法时，要正确规定各个因素的替换顺序，以保证计算结果的可比性。

如果随意改变替换顺序，在计算每一个因素的影响程度时，所依据的其他因素的条件不同，计算结果也会发生变化，分析的结论也就当然不同。

如何确定正确的排列顺序呢？这是一个理论上和实践中尚未解决的问题。按照统计学的一般原则，通常的做法是：数量指标在前，质量指标在后。现在也有人提出按照重要性原则进行先后排序。一般来说，排列顺序在前的因素对经济指标影响的程度不受其他因素影响或影响较小，排列在后的因素中含有其他因素共同作用的成分。目前的一般原则是：

· 先数量指标，后质量指标。

· 先基础指标，后派生指标。

· 先实物量指标，后价值量指标。

· 相邻指标相乘要有意义。

例如，对净资产收益率进行分解时，将销售性指标排在前面，结构性指标排在后面，并且相邻指标相乘具有经济意义。

如果既有基本的因素，又有从属的因素，一般先替换基本因素，然后再替换从属因素。

如果既有数量指标，又有质量指标，一般先替换数量指标，再替换质量指标。

如果影响因素中既有实物量指标，又有价值量指标，一般先替换实物量指标，再替换价值量指标。

第四步：将替代各因素后产生的各结果值顺序比较，计算出各因素变动对综合财务指标的影响程度。

$Y_2-Y_0=\Delta'a$，表示a因素变动对综合指标Y的影响程度。

$Y_3-Y_2=\Delta'b$，表示b因素变动对综合指标Y的影响程度。

$Y_1-Y_3=\Delta'c$，表示c因素变动对综合指标Y的影响程度。

分别反映a、b、c三个因素变动对综合指标Y的影响程度。

第五步：将各因素变动影响程度相加，检验是否等于总差异。

各个因素的影响数额的代数和等于财务指标的实际数与基数（计划数）之间的总差异值。

$$\Delta'a+\Delta'b+\Delta'c=\Delta'Y$$

下面以产品销售收入为例，说明因素分析法的应用。

影响产品销售收入的因素很多，按经济指标之间的关系可以综合为两个因素，即产品销售量和产品销售价格。这两个因素增减变动都会引起产品销售收入的增减，其关系可用公式表示为：

产品销售收入＝产品销售单价×产品销售数量

通过比较分析，确定差异如下表所示。

因素分析法确定差异

项目	实际	计划	差异
销量（件）	250	200	50
单价（元）	480	500	−20
销售收入（元）	120 000	100 000	20 000

上表资料表明，产品销售收入实际比计划增加了20 000元，这是产品销售数量增加50件和产品销售单价降低20元两个因素综合影响而产生的结果。

为了确定这两个因素变动对产品销售收入变动的影响程度，可用因素分析法计算，如下表所示。

因素分析法计算

项目	实际	计划	对收入的影响
销量（件）	250	200	（250−200）×500=25 000
单价（元）	480	500	（480−500）×250=−5 000
收入变动额（元）	—	—	20 000

7.2.4.4　差额分析法

差额分析法也称绝对分析法，是连环替代法的特殊形式，是利用各个因素的比较值与基准值之间的差额来计算各因素对分析指标的影响。它通过分析财务报表中有关科目的绝对数值的大小，来判断企业的财务状况和经营成果。

从连环替代法中已知：

$$Y=Y_1-Y_0$$
$$Y_2-Y_0=\Delta'a$$
$$Y_3-Y_2=\Delta'b$$
$$Y_1-Y_3=\Delta'c$$

$\Delta'a$ 表示 a 因素变动对综合指标 Y 影响的程度数值。

$\Delta'b$ 表示 b 因素变动对综合指标 Y 影响的程度数值。

$\Delta'c$ 表示 c 因素变动对综合指标 Y 影响的程度数值。

所以有：

$$\Delta'a=a_1\times b_0\times c_0-a_0\times b_0\times c_0$$
$$=(a_1-a_0)\times b_0\times c_0$$

同理：

$$\Delta'b=a_1\times b_1\times c_0-a_1\times b_0\times c_0$$
$$=(b_1-b_0)\times a_1\times c_0$$
$$\Delta'c=a_1\times b_1\times c_1-a_1\times b_1\times c_0$$
$$=(c_1-c_0)\times a_1\times b_1$$

2022年和2023年某企业有关总资产报酬率、总资产产值率、产品销售率和销售利润率的资料如下表所示。

2022年和2023年某企业的有关资料

单位：%

指标	2022年	2023年
总资产产值率	82	80
产品销售率	94	98
销售利润率	22	30
总资产报酬率	16.96	23.52

以下分别用连环替代法和差额分析法，分析各因素变动对总资产报酬率的影响程度。

1.连环替代法

（1）确定分析指标与其影响因素之间的关系

总资产报酬率=总资产产值率×产品销售率×销售利润率

（2）根据分析指标的报告期数值与基期数值列出两个关系式

实际指标体系：80%×98%×30%=23.52%

基期指标体系：82%×94%×22%=16.96%

分析对象是：23.52%-16.96%=+6.56%

（3）连环顺序替代

基期指标体系：82%×94%×22%=16.96%

替代第一因素：80%×94%×22%=16.54%

替代第二因素：80%×98%×22%=17.25%

替代第三因素：80%×98%×30%=23.52%

（4）确定各因素对总资产报酬率的影响程度

总资产产值率的影响：16.54%-16.96%=-0.42%

产品销售率的影响：17.25%-16.54%=+0.71%

销售利润率的影响：23.52%-17.25%=+6.27%

最后检验分析结果：-0.42%+0.71%+6.27%=+6.56%

2.差额分析法

（1）分析对象

23.52%-16.96%=+6.56%

（2）因素分析

总资产产值率的影响：（80%-82%）×94%×22%=-0.41%

产品销售率的影响：80%×（98%-94%）×22%=+0.70%

销售利润率的影响：80%×98%×（30%-22%）=+6.27%

最后检验分析结果：-0.41%+0.70%+6.27%=+6.56%

7.2.5 图解分析

图解分析是以各种图表或表格表示企业有关财务状况、经营成果的各种关系和趋势的一种分析方法。图表方式能够使信息使用者一目了然，迅速掌握财务状况和经营成果的相关信息。

7.3 财务分析指标

7.3.1 企业偿债能力评价

企业偿债能力是指企业用其资产偿还长期债务和短期债务的能力，也是反映企业财务状况和经营能力的重要标志。企业偿债能力有静态和动态之分。静态是指用企业资产清偿企业债务的能力；动态是指用企业资产和经营过程创造的收益偿还债务的能力。企业有无支付现金的能力和偿还债务的能力，是企业能否生存和健康发展的关键。企业偿债能力分析是企业财务分析的重要组成部分。

影响企业偿债能力的其他因素包括以下四个。

（1）或有负债，将来一旦转化为企业现实的负债，就会影响到企业的偿债能力。

（2）担保责任，在被担保人没有履行合同时，就有可能会成为企业的负债，增加企业的财务风险。

（3）租赁活动，如果经营租赁的业务量较大、期限较长或者具有经常性，那么对企业的偿债能力也会产生较大的影响。

（4）可用的银行授信额度，可以提高企业的偿付能力，缓解财务困难。

分析企业偿债能力的指标主要有流动比率、速动比率、现金流动负债比率、资产负债率、利息支付倍数。

7.3.1.1 流动比率

（1）定义及计算公式

流动比率表示每1元流动负债有多少流动资产作为偿还的保证，反映了企业流动资产对流动负债的保障程度，其公式如下：

$$流动比率 = 流动资产 \div 流动负债$$

（2）分析要点

一般情况下，该指标越大，表明企业短期偿债能力越强。通常情况下，该指标在2左右较好。在运用该指标分析企业短期偿债能力时，应结合存货的规模大小、周转速度、变现能力和变现价值等指标进行综合分析。如果某企业流动比率很高，但其存货规模大，周转速度慢，就有可能导致存货变现能力减弱，变现价值降低，那么该企业的实际短期偿债能力就要比指标反映的能力差。而速动比率指标则能避免这种情况，因为速动资产就是指流动资产中容易变现的那部分资产。

7.3.1.2 速动比率

（1）定义及计算公式

速动比率表示每1元流动负债有多少速动资产作为偿还的保证，该指标进一步反映了企业流动资产对流动负债的保障程度，其计算公式如下：

$$速动比率＝（流动资产－存货净额）÷流动负债$$

（2）分析要点

一般情况下，该指标越大，表明企业短期偿债能力越强。通常情况下，该指标在1左右较好。在运用该指标分析企业短期偿债能力时，应结合应收账款的规模、周转速度和其他应收款的规模，以及它们的变现能力进行综合分析。如果某企业速动比率很高，但应收账款周转速度慢，而且它与其他应收款的规模大，变现能力差，那么企业较为真实的短期偿债能力要比该指标反映的能力差。

如果发现某些流动资产项目的变现能力差或无法变现时，那么在运用流动比率和速动比率分析企业短期偿债能力时，还应扣除这些项目的影响。

7.3.1.3 现金流动负债比率

（1）定义及计算公式

现金流动负债比率是企业一定时期内经营现金净流量与流动负债的比率，它可以从现金流量角度来反映企业当期偿付短期负债的能力，其计算公式如下：

$$现金流动负债比率＝年经营现金净流量÷年末流动负债$$

（2）分析要点

该指标从现金流入和流出的动态角度对企业的实际偿债能力进行考察，反映了本期经营活动所产生的现金净流量足以抵付流动负债的倍数。

一般情况下，该指标大于1，表示企业流动负债的偿还有可靠保证。该指标越大，表明企业经营活动产生的现金净流量越多，越能保障企业按期偿还到期债务。但并不是指标越大越好，该指标过大则表明企业现有的生产能力不能充分吸收现有的资产，使资产过多地停留在盈利能力较低的流动资金上（如银行存款只能获取存款利息），从而降低了企业的盈利能力。

7.3.1.4 资产负债率

（1）定义及计算公式

资产负债率又称债务比率，它是全部负债总额除以全部资产总额的百分比，也就是负债总额与资产总额的比例关系。资产负债率表明在资产总额中有多大比例是通过借债筹资的，用以反映企业利用债权人资金进行财务活动的能力。同时，它也能反映企业在清算时对债权人利益的保护程度，其计算公式如下：

$$资产负债率 = \frac{负债总额}{资产总额} \times 100\%$$

资产负债率是衡量企业负债水平及风险程度的重要标志。

（2）分析要点

资产负债率又称财务杠杆，由于所有者权益不需要偿还，因此财务杠杆越高，债权人所受的保障越低。但并不是说财务杠杆越低越好，因为一定的负债表明企业的管理者能够有效地运用股东的资金，帮助股东用较少的资金进行较大规模的经营，所以，财务杠杆过低，表明企业没有很好地利用股东资金。

通常情况下，企业的资产负债率越大，企业面临的财务风险也就越大。合理、稳健的财务结构的资产负债率应保持在55%～65%，资产负债率在70%以上就应当警惕企业发生财务风险的可能。

7.3.1.5 利息支付倍数

（1）定义及计算公式

利息支付倍数表示息税前收益对利息费用的倍数，反映的是企业负债经营的财务风险程度，其计算公式如下：

$$利息支付倍数 = 息税前利润 \div 利息费用$$
$$= （利润总额 + 利息费用）\div 利息费用$$

公式中的"利息费用"不仅包括财务费用中的利息费用，还包括计入固定资产成本的资本化利息。

（2）分析要点

利息保障倍数不仅反映了企业获利能力的大小，而且反映了获利能力对偿还到期债务的保证程度，它既是企业举债经营的前提依据，也是衡量企业长期偿债能力的重要标志。

要维持正常偿债能力，利息保障倍数至少应大于1，且比值越高，企业长期偿债能力越强，负债经营的财务风险就越小。如果倍数低于1，就意味着企业赚取的利润根本不足以支付利息，企业将面临亏损、偿债安全性与稳定性下降的风险。

7.3.2 企业运营能力评价

企业运营能力是以企业各项资产的周转速度来衡量企业资产的利用效率。周转速度越快，表明企业各项资产进入生产、销售等经营环节的速度越快，那么其形成收入和利润的周期就越短，经营效率也就越高。

一般来说，分析企业运营能力的指标主要有流动资产周转率、存货周转率、应收账款周转率、固定资产周转率、总资产周转率等。

7.3.2.1 流动资产周转率

（1）定义及计算公式

流动资产周转率既是反映流动资产周转速度的指标，也是综合反映流动资产利用效果的基本指标。它是一定时期内流动资产周转额与流动资产平均占用额的比率，用流动资产的占用量和其所完成工作量的关系来表明流动资产的使用经济效益，其计算公式如下：

$$流动资产周转率 = \frac{主营业务收入净额}{流动资产平均余额}$$

$$流动资产周转天数 = 计算期天数 \div 流动资产周转率$$

对于计算期天数，为了计算方便，全年按360天计算，全季按90天计算，全月按30天计算。对于流动资产平均余额的确定，要注意用平均占用额而不能用期末或期初占用额。周转额一般是指企业在报告期内从货币到商品、再到货币这一循环过程流动资产的数额，它既可用销售收入表示，也可用销售成本表示。

（2）分析要点

流动资产在一定时期内的周转率越高，每周转一次所需要的天数就越少，周转速度就越快，流动资产营运能力就越好；反之，周转速度越慢，流动资产营运能力也就越差。

7.3.2.2 存货周转率

（1）定义及计算公式

存货周转率是指企业在一定时期内存货占用资金可周转的次数，或存货每周转一次所需要的天数。存货周转率指标有存货周转次数和存货周转天数两种形式，其计算公式如下：

$$存货周转率 = 销售（营业）成本 \div 存货平均余额 \times 100\%$$

$$存货周转率 = 销售（营业）收入 \div 存货平均余额 \times 100\%$$

$$存货周转天数 = 360天 \div 存货周转率$$

需要注意的是，存货周转率和周转天数的实质是相同的。但是其评价标准却不同，存货周转率是一个正指标，因此，周转率越高越好。

（2）分析要点

一般来说，存货周转率越高，存货积压的风险就越小，资金使用效率就越高；相反，存货周转率低，表明企业在存货管理上存在较多问题。

影响存货周转率的因素有很多，但它主要受材料周转率、在产品周转率和产成品周转率的影响。通过不同时期存货周转率的比较，可查找出影响存货利用效果的原因，不断提高企业的存货管理水平。

存货周转速度偏低，可能由图7-6所示的三个原因引起。

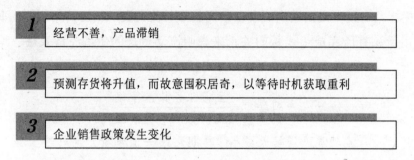

图7-6　引起存货周转速度偏低的原因

7.3.2.3　应收账款周转率

（1）定义及计算公式

应收账款周转率反映了应收账款的变现速度，它是对流动资产周转率的补充说明，其计算公式如下：

应收账款周转率=销售（营业）收入净额 ÷ 应收账款平均余额 ×100%

应收账款平均余额=（期初应收账款＋期末应收账款）÷2

应收账款周转天数=360天 ÷ 应收账款周转率

（2）应收账款周转率分析的意义

应收账款周转率反映的是企业应收账款变现速度的快慢及管理效率的高低。周转率高，表明企业收账迅速，账龄期限较短，可以减少收账费用和坏账损失，从而相对增加企业流动资产的投资收益。

当然，周转率过高，不利于企业扩大销售，也不利于提高产品市场占有率。因此，企业应加强对应收账款的管理，在发挥应收账款强化竞争、扩大销售的同时，尽可能降低应收账款投资的机会成本、坏账损失与管理成本。

具体来说，企业应制定严格、合理、有效的应收账款管理措施。

 **相关链接**〈‥‥‥‥‥‥‥‥‥‥‥‥‥‥‥‥‥‥‥‥‥‥‥‥‥‥‥‥‥‥‥‥‥‥‥‥

应收账款管理措施

1.制定合理的信用标准

制定合理的信用标准是指给客户制定的要获得赊销必须具备的条件，这些条件主要包括以下三个方面：

（1）偿债能力指标，通常以流动比率、速动比率、现金比率、产权比率等作为标准。

（2）运营能力指标，通常以存货周转率、应收账款周转率等作为标准。

（3）盈利能力指标，通常以已获利息倍数、总资产息税前利润率、净资产收益率等作为标准。这些指标只有达到一定的标准，企业才能进行赊销；否则，宁可不销，也要避免坏账的产生。

信用标准定得过高，有利于降低违约风险及收账费用；不利之处是使许多客户因信用品质达不到标准而被拒之门外，从而影响企业市场竞争力的提高和销售收入的扩大。

相反，如果企业采用较低的信用标准，虽然有利于扩大销售，提高市场竞争力和占有率，但需要承担较大的坏账损失风险和支付较高的收账费用。

这样一来，就要求企业根据自身抗风险能力、市场竞争激烈程度、客户的资信程度，来确定一个既为客户所接受又有利于销售的信用标准。

2.制定合适的信用条件

即制定具体的客户付款条件，主要包括信用期限（企业要求客户付款的最长期限）、折扣期限（客户获得折扣的付款期限）、现金折扣（客户在折扣期内付款获得的现金折扣率）。

3.制定有效的收账方针

当客户违反信用条件，拖欠甚至拒付账款时，企业应及时采取有效措施，加以催收。企业应根据欠款的多少、不同信用品质的客户，采取不同的措施，要多渠道、多方法、有重点地催收。

总而言之，计算并分析应收账款周转率的目的在于促进企业通过制定合理的赊销政策，严格购销合同管理，及时结算，加强应收账款前、中、后期的管理，加快应收账款的回收速度。

（3）应收账款周转率的分析要点

应收账款周转率的分析要点，如图7-7所示。

要点一	影响应收账款周转率的原因主要是企业的信用政策、客户故意拖延和客户财务困难
要点二	应收账款是时点指标，易受季节性、偶然性和人为因素的影响。为了使该指标尽可能接近实际值，计算平均数时应采用尽可能详细的资料
要点三	过快的应收账款周转率可能是由紧缩的信用政策引起的，其结果可能危及企业的销售增长，损害企业的市场占有率
要点四	现金销售比例越大，则该比率作用越小
要点五	必要时研讨出部门内外的共同目标。销售波动越大，则该比率被歪曲的可能性越大

图7-7 应收账款周转率的分析要点

7.3.2.4 固定资产周转率

（1）定义及计算公式

固定资产周转率是企业在一定时期内所实现的收入与固定资产平均净值之间的比率，其计算公式如下：

$$固定资产周转率 = 销售（营业）收入净额 \div 平均固定资产净值 \times 100\%$$
$$固定资产周转天数 = 360天 \div 固定资产周转率$$

（2）分析要点

固定资产周转率指标的数值越高，表示一定时期内固定资产提供的收入越多，说明固定资产利用效果越好。因为收入指标比总产值更能准确地反映经济效益，所以固定资产周转率能更好地反映固定资产的利用效果。

固定资产周转率高，表明企业固定资产投资得当，固定资产结构合理，能够充分发挥效率。反之，则表明固定资产使用效率低，提供的生产成果少，企业的运营能力弱。

固定资产结构合理是指企业生产用和非生产用固定资产保持一个恰当的比例，即生产用固定资产应全部投入使用，能满足负荷运行，并能完全满足生产经营的需要；而非生产用固定资产应能确实担当起服务的职责。

7.3.2.5 总资产周转率

（1）定义及计算公式

总资产周转率是综合评价企业全部资产经营质量和利用效率的重要指标，其计算公

式如下:

$$总资产周转率=销售(营业)收入净额÷平均资产余额×100\%$$
$$总资产周转天数=360天÷总资产周转率$$

（2）分析要点

该指标反映了企业收入与资产占用之间的关系。通常情况下，总资产周转率越高，表明企业全部资产运营能力越强，运营效率越高。

由于总资产是由流动资产、固定资产、长期投资、无形资产等组成，因此，总资产周转率的高低取决于这些资产的利用效率。企业可分项进行计算和分析，从中找到影响总资产周转率的原因，以便采取相应对策，解决存在的问题。

要对总资产周转率做出客观、全面的分析，企业还应从以下两个方面着手。

（1）纵向比较，对企业近几年来的总资产周转率进行对比。

（2）横向比较，将本企业与同类企业的总资产周转率进行对比。

通过纵向和横向的比较，可以发现企业在资产利用上取得的成绩与存在的问题，从而促使企业加强经营管理，提高总资产利用率。

 相关链接 ⦗···

影响总资产周转率的因素

影响总资产周转率的因素主要有以下两个。

1. 流动资产周转率

因为流动资产的周转速度往往高于其他类资产的周转速度，所以加速流动资产周转，就会使总资产周转速度加快；反之，则会使总资产周转速度减慢。

2. 流动资产占总资产的比重

因为流动资产周转速度快于其他类资产周转速度，所以企业流动资产所占比例越大，总资产周转速度越快；反之，总资产周转速度越慢。

··· ▶

7.3.3 企业盈利能力评价

企业盈利能力是各方面关心的核心，是投资者取得投资收益、债权人收取本息的资金来源；是经营者经营业绩和管理效能的集中表现；也是职工集体福利设施不断完善的重要保障。只有保持长期盈利，企业才能真正做到持续经营。因此，无论是投资者还是债权人，都非常重视反映企业盈利能力的指标。

下面利用会计报表中的信息，从表7-4所示的四个角度来评价企业的盈利能力。

表7-4 企业盈利能力评价指标

企业盈利能力评价指标	意义
销售毛利率	商品的竞争力
销售利润率	行业的盈利水平
净资产收益率	投资者的回报
市盈率	从市场的角度看盈利

7.3.3.1 销售毛利率

（1）定义及计算公式

销售毛利率反映了企业产品或商品销售的初始获利能力。从企业营销策略来看，没有足够大的毛利率便不能形成较大的盈利，其计算公式如下：

$$销售毛利率 = 销售毛利 \div 销售收入 \times 100\%$$

$$= （销售收入 - 销售成本）\div 销售收入 \times 100\%$$

毛利是指净销售收入与销售成本之间的差额，而销售成本则是期初存货加上期间进货再减去期末存货的结果。

有的企业还经常使用销售成本率，其计算公式如下：

$$销售成本率 = 销售成本 \div 销售收入净额 \times 100\%$$

销售成本率实际上是1减去毛利率后的余数；反过来说，毛利率等于1减去销售成本率。

总而言之，毛利率或销售成本率是商品售价与生产成本各种组合关系的反映，而售价和成本又直接受销售数量的影响。

（2）分析要点

销售毛利率主要考察的是企业商品在市场上竞争能力的强弱，如果企业的销售毛利率指标高，那么企业商品在市场上的竞争能力就强；相反，如果销售毛利率指标低，则说明企业商品的市场竞争力弱。

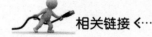 相关链接 ‹⋯⋯⋯⋯⋯⋯⋯⋯⋯⋯⋯⋯⋯⋯⋯⋯⋯⋯⋯⋯⋯⋯⋯⋯⋯⋯⋯

导致毛利率下降的原因

导致毛利率下降的原因主要有以下四个。

（1）因竞争而降低售价。

（2）购货成本或生产成本上升。

（3）生产（销售）的产品（商品）的结构发生变化，毛利率水平较高的产品（商品）的生产（销售）量占总量的比重下降，其原因可能是市场发生了变化。

（4）发生严重的存货损失（指在定期实地盘存制下）。

假如企业的毛利率或销售成本率发生了变化，其原因可从以下三个方面分析：

① 是原材料、中间产品的成本增加了，还是支付给工人的工资增加了，或是能源及其他公用事业费用提高了？

② 是薄利的商品卖多了，还是由于市场竞争激烈企业被迫降价出售商品？

③ 是生产技术、营销手段过时、落后了，还是新开发投产的产品成本过高？

此外，会计制度或准则中有关存货和折旧等的处理方法变更引起企业当期利润减少，也有可能引起企业的销售成本率提高和毛利率下降。

7.3.3.2 销售利润率

（1）定义及计算公式

销售利润率是企业在一定时期内销售利润总额与销售收入总额的比率。它表明了单位销售收入获得的利润，反映的是销售收入和利润的关系，其计算公式如下：

$$销售利润率 = 利润总额 \div 营业收入 \times 100\%$$

息税前利润率又称基本获利率，它是企业息税前利润与总资产平均余额之比，反映了企业总体的获利能力，其计算公式如下：

$$息税前利润率 = (利润总额 + 利息费用) \div 营业收入 \times 100\%$$

该指标不考虑企业资金来源，可消除由于举债经营而支付利息对利润水平产生的影响，便于企业进行前、后期的分析比较。

（2）比率的意义

这一比率的意义在于，指标的变化反映了企业经营理财状况的稳定性、面临的危险或可能出现的转机。

销售利润率指标体现了企业经营活动最基本的盈利能力，如果一家企业没有足够大的销售利润率，将很难形成最终利润。因此，将销售利润率指标与企业的销售收入、销售成本等因素结合起来进行分析，就能够充分揭示出企业在成本控制、费用管理、产品销售以及经营策略等方面的成绩与不足。同时，如该指标较高，则说明企业产品的定价科学，产品附加值高，营销策略得当，主营业务市场竞争力强，发展潜力大，盈利水平高。

（3）分析要点

① 结果越大，说明每百元销售收入净额所取得的利润总额越多。

② 比营业利润率更具综合性。

7.3.3.3 净资产收益率

（1）定义及计算公式

净资产收益率是企业税后净利润除以平均净资产得到的百分比，用以衡量企业运用自有资本的效率。净资产收益率可衡量企业对股东投入资本的利用效率，其计算公式如下：

$$净资产收益率 = 净利润 \div 平均净资产 \times 100\%$$

（2）分析要点

① 净资产收益率越高，说明股东投资的收益水平越高，盈利能力越强，企业经营能力越强；反之，则收益水平较低，获利能力较弱。

② 月净资产收益率与年净资产收益率应换算。

7.3.3.4 市盈率

（1）定义及计算公式

市盈率是股份企业或者上市企业中表明企业盈利能力的指标，其计算公式如下：

$$市盈率 = 股票的现价 \div 每股盈余$$

（2）分析要点

市盈率表明股票价格与企业盈利有直接关系。市盈率越高，表明市场对企业股票的认同越大；相反，市盈率越低，表明市场对企业股票的认同越小。当然，在一个不断发生变化的市场上，股票价格与企业盈利的关系并不是很明显。因为股票的价格除了受经济因素的影响外，还受非经济因素的影响。

7.3.4 企业发展能力评价

企业发展能力是指企业未来发展趋势与发展速度，包括企业规模的扩大、利润和所有者权益的增加。企业发展能力分析的目的是表明企业的长远扩展能力和未来的生产经营实力。对企业发展能力的分析，可以判断企业未来经营活动现金流量的变动趋势，也可以预测企业未来现金流量的大小。

企业发展能力分析的指标有：主营业务增长率、主营利润增长率、净利润增长率、资本积累率。

7.3.4.1 主营业务增长率

（1）定义及计算公式

主营业务增长率是企业本年营业收入增长额与上年营业收入总额的比率，反映的是企业营业收入的增减变动情况，其计算公式如下：

$$主营业务增长率 = \frac{本期主营业务收入 - 上期主要业务收入}{上期主营业务收入} \times 100\%$$

（2）分析要点

主营业务收入增长率可以用来衡量企业的产品生命周期，判断企业发展所处的阶段。

（1）如果主营业务收入增长率超过10%，说明企业产品处于成长期，将继续保持较好的增长势头，尚未面临产品更新的风险，属于成长型企业。

（2）如果主营业务收入增长率在5%～10%，说明企业产品已进入稳定期，不久将进入衰退期，企业需要着手开发新产品。

（3）如果主营业务收入增长率低于5%，说明企业产品已进入衰退期，保持市场份额已经很困难，主营业务利润开始下滑。

（4）主营业务收入增长率高，表明企业产品的市场需求大，业务扩张能力强。

7.3.4.2　主营利润增长率

（1）定义及计算公式

主营利润增长率是本期主营业务利润与上期主营业务利润之差再除以上期主营业务利润的值。该指标体现的是企业主营利润的增长速度，其计算公式如下：

$$主营利润增长率 = \frac{本期主营业务利润 - 上期主营业务利润}{上期主营业务利润} \times 100\%$$

（2）分析要点

一般来说，主营利润稳定增长且占利润总额的比例呈增长趋势，说明该企业的成长能力强。一些企业尽管年度内利润总额有增加，但主营业务利润却未相应增加，甚至大幅下降，说明这样的企业质量不高，可能蕴藏着巨大的风险。

7.3.4.3　净利润增长率

（1）定义及计算公式

净利润增长率代表企业当期净利润比上期净利润的增长幅度，该指标值越大，表明企业盈利能力越强，其计算公式如下：

$$净利润增长率 = \frac{本期净利润总额 - 上期净利润总额}{上期净利润总额} \times 100\%$$

（2）分析要点

净利润增长率反映了企业实现价值最大化的扩张速度，是综合衡量企业资产营运与管理业绩，以及成长状况和发展能力的重要指标。净利润增长幅较大，表明企业的经营业绩突出，市场竞争能力强；反之，净利润增幅小甚至出现负增长，也就谈不上具有成长性。

7.3.4.4 资本积累率

（1）定义及计算公式

资本积累率即股东权益增长率，它是指企业当年所有者权益增长额同年初所有者权益的比率。资本积累率表示企业当年的资本积累能力，是评价企业发展潜力的重要指标，其计算公式如下：

$$资本积累率 = \frac{年末所有者权益 - 年初所有者权益}{年初所有者权益} \times 100\%$$

（2）分析要点

资本积累率反映了投资者投入企业资本的保全性和增长性，该指标越高，表明企业的资本积累越多，企业资本保全性越强，持续发展的能力越大。该指标如为负值，则表明企业的资本受到侵蚀，所有者利益受到损害，这时企业要予以充分重视。资本积累率体现了企业资本的积累情况，是企业发展强大的重要标志，也是企业扩大再生产的源泉，展示了企业的发展潜力。

以上指标在具体运用评价时，基本方法就是比较法。好和坏是相对而言的，只要找到了评价标准，就能够知道评价的结果。通常情况下，所选用的评价标准主要有图7-8所示的两个。

与企业不同时期比较	与同行业企业比较
通常和上年度做比较。例如，毛利率比上年是增加了还是下降了，产品的获利水平是提高了还是降低了	企业可以与同行业的先进企业进行比较，也可以与同行业的平均水平比较，这样能够发现企业的优势和不足，找到差距，从而改进经营方针政策和措施

图7-8 评价标准

7.3.5 财务趋势分析

财务趋势分析是通过比较企业连续几期的财务报表或财务比率，来了解企业财务状况变化的趋势，并以此来预测企业未来的财务状况，判断企业的发展前景。在具体分析时，可以运用表7-5～表7-9所示的表格。

表 7-5 比较资产负债表（部分）

项目	2021 年年末	2022 年年末	2023 年年末
流动资产			
交易性金融资产			
应收票据			
应收账款			
预付款项			
应收利息			
应收股利			
其他应收款			
存货			
一年内到期的非流动资产			
其他流动资产			
流动资产合计			
非流动资产：			
其他债权投资			
债权投资			
长期应收款			
长期股权投资			
投资性房地产			
......			

表 7-6 比较利润表

项目	2021 年年末	2022 年年末	2023 年年末
一、营业收入			
减：营业成本			
营业税金及附加			
销售费用			
管理费用			
财务费用			
资产减值损失			
加：公允价值变动收益（损失以"−"号填列）			
投资收益（损失以"−"号填列）			
其中：对联营企业和合营企业的投资收益			
资产处置收益（损失以"−"号填列）			
二、营业利润（亏损以"−"号填列）			
加：营业外收入			
减：营业外支出			
三、利润总额（亏损以"−"号填列）			
减：所得税费用			
四、净利润（净亏损以"−"号填列）			
五、每股收益			
（一）基本每股收益			
（二）稀释每股收益			

表7-7　比较百分比利润表（部分）

项目	2021年年末	2022年年末	2023年年末
一、营业收入			
减：营业成本			
营业税金及附加			
销售费用			
管理费用			
财务费用			
资产减值损失			
加：公允价值变动收益（损失以"-"号填列）			
投资收益（损失以"-"号填列）			
其中：对联营企业和合营企业的投资收益			
资产处置收益（损失以"-"号填列）			
二、营业利润（亏损以"-"号填列）			
加：营业外收入			
减：营业外支出			
三、利润总额（亏损以"-"号填列）			
减：所得税费用			
四、净利润（净亏损以"-"号填列）			
五、每股收益			
（一）基本每股收益			
（二）稀释每股收益			

表7-8　比较百分比资产负债表

项目	2021年年末	2022年年末	2023年年末
流动资产			
非流动资产			
资产总额			
流动负债			
长期负债			
负债总额			
股东权益			
负债及股东权益总额			

表7-9　比较财务比率

项目	2021年年末	2022年年末	2023年年末
流动比率			
速动比率			
资产负债率			
应收账款周转率			
存货周转率			
总资产周转率			
资产报酬率			
股东权益报酬率			
销售净利率			

7.3.6　财务综合分析

7.3.6.1　财务比率综合评分法

财务比率综合评分法是指通过对选定的几项财务比率进行评分，然后计算出综合得分，并据此评价企业综合财务状况的方法。财务比率综合评分法的程序如下。

（1）选定评价财务状况的财务比率。

（2）确定财务比率标准评分值。

（3）确定财务比率评分值的上下限。

（4）确定财务比率的标准值。

（5）计算关系比率。

（6）计算各项财务比率的实际得分。

财务比率综合评分表，如表7-10所示。

表7-10　财务比率综合评分表

财务比率	评分值 （1）	上/下限 （2）	标准值 （3）	实际值 （4）	关系比率 （5）=（4）÷（3）	实际得分 （6）=（1）×（5）
流动比率						
速动比率						
资产/负债						
存货周转率						
应收账款周转率						
总资产周转率						
资产报酬率						
股权报酬率						
销售净利率						
合计						

7.3.6.2　杜邦分析法

杜邦分析法是利用几种主要的财务比率之间的关系来综合分析企业的财务状况。净资产收益率是杜邦分析的核心指标。在运用杜邦分析法时要关注以下四个重要的等式关系：

$$股东权益报酬率＝资产净利率×权益乘数$$
$$资产净利率＝销售净利率×总资产周转率$$
$$销售净利率＝净利润÷销售收入$$
$$总资产周转率＝销售收入÷资产平均总额$$

杜邦分析系统图，如图7-9所示。

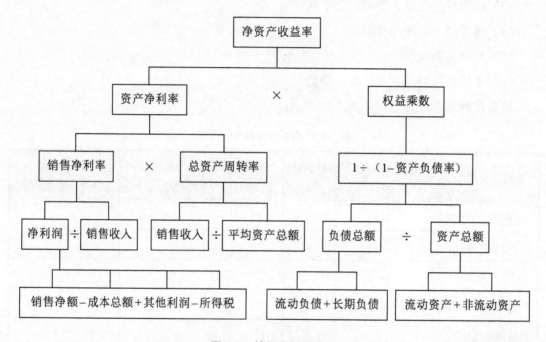

图7-9　杜邦分析系统图

7.4　财务分析报告

　　财务分析报告是企业依据会计报表、财务分析表及经营活动和财务活动所提供的丰富、重要的信息及其内在联系，运用一定的科学分析方法，对企业的经营特征，利润实现及分配情况，资金增减变动和周转利用情况，税金缴纳情况，存货、固定资产等主要财产物资的盘盈、盘亏、毁损等变动情况，以及对本期或下期财务状况产生重大影响的事项做出客观、全面、系统的分析和评价，并进行必要的科学预测而形成的书面报告。

7.4.1 财务分析报告的框架

财务分析报告的框架具体为：标题→报告目录→重要提示→具体分析→问题重点综述及相应的改进措施，具体内容如表7-11所示。

表7-11 财务分析报告的框架

项目	内容说明
标题	这是对财务分析报告最精练的概括，应根据具体的分析内容而定。例如，"某年度综合财务分析报告""资产使用效率分析报告"等都是较合适的标题
报告目录	告诉阅读者本报告所分析的内容及所在的页码
重要提示	这主要是对本期报告新增的内容或应加以重点关注的问题事先做出说明，旨在引起领导的高度重视，一定要言简意赅，点到为止。另外，应在其后标明具体分析所在的页码，以便领导及时查阅相应的分析内容
具体分析	对企业的经营情况进行分析研究。在说明问题的同时还要分析问题，寻找问题的原因和症结，以达到解决问题的目的
问题重点综述及相应的改进措施	一方面是对上期报告中问题执行情况的跟踪汇报，另一方面是对本期报告"具体分析"部分中揭示出的重点问题进行集中阐述，旨在将零散的分析集中化，再一次给领导留下深刻印象

7.4.2 财务分析报告的起草

起草财务报告应围绕标题并按报告的结构进行。特别是专题分析报告，要将问题分析透彻，真正地分析问题、解决问题。对综合分析报告的起草，最好先拟定报告的编写提纲，然后在提纲框架的基础上，依据所收集、整理的资料，选择恰当的分析方法，起草综合分析报告。

7.4.3 财务分析报告的修改和审定

财务分析报告起草后形成的初稿，可交由主管领导审阅，并征求主管领导的意见和建议，再反复推敲，不断进行修改，充实新的内容，使之更加完善，更能反映出所编制财务分析报告的特点，直至最后由主管领导审定。审定后的财务分析报告应填写编制单位和编制日期，并加盖单位公章。

学习笔记

请对本章的学习做一个小结，将你认为的重点事项和不懂事项分别列出来，以便进一步学习、提升。

本章重点事项
1. _____
2. _____
3. _____
4. _____
5. _____
6. _____
7. _____

本章不懂事项
1. _____
2. _____
3. _____
4. _____
5. _____
6. _____
7. _____

个人心得
1. _____
2. _____
3. _____
4. _____
5. _____
6. _____
7. _____

第8章
智慧财务

 学习目标:

1. 了解智慧财务的定义及发展阶段、智慧财务的价值，掌握智慧财务下的财务转型方向及实施路径。

2. 了解智慧财务的重点技术，掌握机器人流程自动化、区块链、人工智能等技术的原理及在财务领域的应用。

3. 了解智慧财务系统的顶层设计步骤，掌握智慧财务系统设计的方法。

4. 了解财务共享中心的定义、建立的必要性、财务共享领域的变化、财务共享服务中心的运营模式、成熟度评估模式，掌握财务共享中心项目实施的整体策略、成功的保障因素及建设步骤。

8.1 智慧财务概述

当前中国经济增速放缓，中速增长成为新常态，传统企业成本优势逐渐消失，企业迫切需要数字化转型实现下一轮健康发展。而互联网经济的迅猛发展，大数据、智能化、移动互联、云计算等新技术的不断创新应用，揭示了财务智能时代的来临。

8.1.1 智慧财务发展阶段

伴随着技术的日新月异，财务工作也历经变革向智慧财务发展，如图8-1所示。财务工作的重心将从"核算过去"转为"管理未来"，从基于历史数据的传统财务全面转向基于未来预测数据的智能化财务。

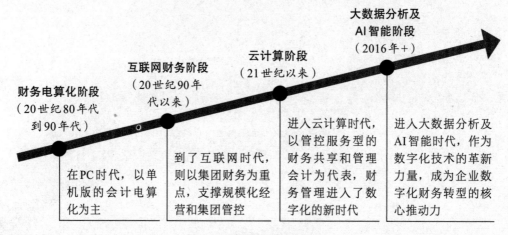

图8-1　智慧财务发展阶段

8.1.2 智慧财务的价值

智慧财务综合应用大数据、云计算、移动互联网、人工智能、区块链等先进技术，推动传统财务向数据共享和信息传输自动化、财务职能智能化以及机器学习智慧化变革，并最大限度地发挥财务数据的价值。

8.1.2.1 对内价值

智慧财务的对内价值在于加强财务管理智能化水平。基于新技术（例如大数据、人工智能、云计算、物联网等）的应用，智慧财务可以促进财务核算、财务分析与预测、风险控制等业务的智能化，减少人工操作，降低误判和漏判，同时有效释放财务人力，从而提升企业整体运营效率和可靠性。

8.1.2.2 对外价值

对外价值方面，智慧财务可以推动业务发展，加强业务信息网格化管理。企业财务智慧化，可通过财务在绩效管理、风险控制和经营预测能力方面的提升，使财务渗透到业务环节并重新解构企业业务，为业务部门提供高质量的数据信息，为企业管理层真正赋能，提高管理层的洞察力，使其成为业务真正的伙伴。

同时，基于企业数字化能力，企业可以收集客户的交易特征、风险偏好、渠道喜好等信息，形成体系化的模型，向外部客户提供贴合实际需求的专业化、定制化产品服务，从而提升客户满意度和客户黏性，促进客户资源共享与二次开发。

8.1.3 智慧财务下的财务转型方向

在智慧财务发展的过程中，企业财务通常面临以下四大转型方向：场景式财务、定制化财务、资源整合财务以及生态圈财务，如图8-2所示。

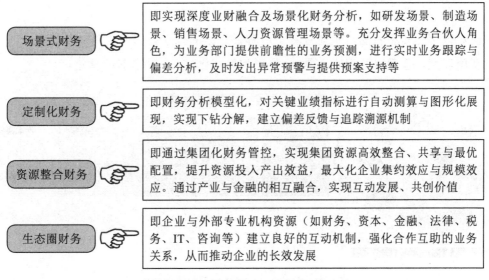

图8-2 智慧财务下的财务转型方向

8.1.4 智慧财务管理的实施路径

8.1.4.1 基于数据标准化构建数据云化

企业在建设信息化的财务管理体系时，应按照数据标准化的相关要求，将企业财务相关的信息统一起来，并利用智能化手段，将数据信息进行标准化处理；同时，企业应建立财务信息管理的云计算管理平台，实现对财务数据的智慧化管理。此外，企业在建设云管理平台的过程中，应加速互联网技术的融合，提高企业的信息化程度。

8.1.4.2　建立内外联动、虚拟融合的财务框架

在经济全球化发展趋势下，企业应采取有效的方式打破信息壁垒，深入分析企业财务管理过程中各个环节的具体工作，建立内外联动、虚拟融合的信息化财务管理框架。

8.1.4.3　加强财务管理智能化建设

为了适应市场经济的快速变化，满足企业发展的财务需求，企业应进一步加强财务管理的智能化建设，将智慧财务的相关理念融入财务管理的整个流程中。在智能化财务管理理念下，将财务管理的各项职能进行整合，并减少财务管理过程中不必要的中间环节，以提升财务管理对企业的价值，将企业上层财务管理与中下层财务管理有效地结合在一起。

在建立智能化财务管理体系的过程中，企业应结合自身的实际情况，建立财务管理框架；并充分利用网络系统、软硬件系统等相关设施，来完成信息化财务管理体系的构建。

8.2　智慧财务的重点技术

面对数字化转型机遇，企业应着重理解最先进的技术将如何改变财务管理，同时对员工实施转型，重塑财务职能。图8-3是影响数字化财务的相关技术演进。

图8-3　影响数字化财务的相关技术演进

以下主要就机器人流程自动化（RPA）、区块链、人工智能进行简要分析。

8.2.1　机器人流程自动化（RPA）

8.2.1.1　何谓RPA

RPA（robotic process automation，机器人流程自动化）系统是一种应用程序，通过模仿最终用户在电脑上的手动操作方式，提供另一种方式来使最终用户手动操作流程自动化。企业运用RPA可迅速实现业务提效，将重复性劳动进行自动化处理，高效低门槛

地连接不同业务系统，将财务、税务、金融、人力资源、信息技术、保险、客服、运营商、制造等行业在业务流程上实现自动化智能升级。

8.2.1.2　RPA 的原理

在传统的工作流程自动化技术工具中，会由程序员产生自动化任务的动作列表，并且用内部的应用程序接口或是专用的脚本语言作为和后台系统之间的界面。而机器人流程自动化会监视使用者在应用软件 GUI（graphical user interface，图形用户接口）中所进行的工作，并且直接在 GUI 上自动重复这些工作，因此可以减少产品自动化的阻碍。

机器人流程自动化工具在技术上类似图形用户界面测试工具，这些工具会自动和图形用户界面互动，而且由使用者示范其流程，再用示范性编程来实现。

机器人流程自动化工具的不同点是这类系统允许资料在不同应用程序之间交换，例如，接收电子邮件可能包括接收付款单，取得其中资料，输入到簿记系统中。

8.2.1.3　RPA 的特点

RPA 系统的目标是使符合某些适用性标准的基于桌面的业务流程和工作流程实现自动化，一般来说，这些操作在很大程度上是重复的，数量比较多，并且可以通过严格的规则和结果来定义。企业成功部署 RPA 可以有以下好处。

（1）带来更高的运营效率，节省时间并释放员工的能力。

（2）增强准确性、可审计性，监视、跟踪和控制业务流程的执行。

（3）可扩展且灵活的增强型"虚拟"员工队伍，能够快速响应业务需求。

（4）协作和创新的文化使财务、业务和 IT 人员可以一起工作。

总而言之，RPA 的优势和特点可归纳如图 8-4 所示。

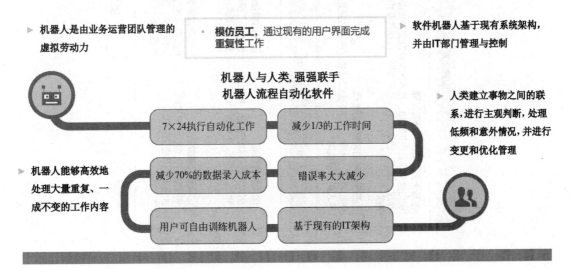

图 8-4　机器人流程自动化（RPA）的优势和特点

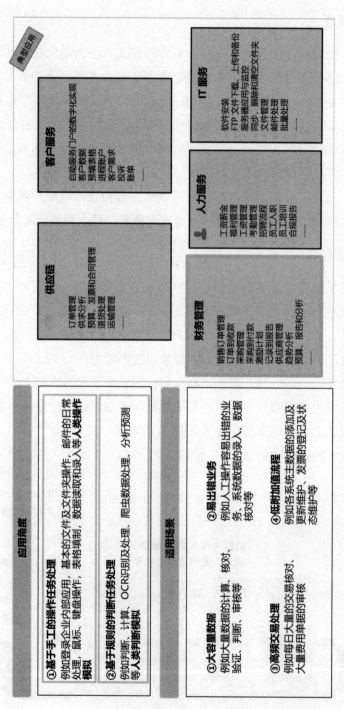

图 8-5　机器人流程自动化（RPA）的应用领域

8.2.1.4 RPA的应用领域

RPA具有明显的特性与应用优势，结合相应的运营领域特点与场景，可以有多领域的广泛应用，如图8-5所示。

8.2.2 区块链

区块链是一个无中心化组织维护的、相互不信任的、多人可书写的、不可篡改且可以全程追溯的数据库。区块链是在没有信任的情况下建立信任的一种技术机制。

8.2.2.1 区块链的核心技术

（1）分布式账本

分布式账本即区块链的分布式存储，交易记账由不同的地点和节点共同完成。它们之间可以互相监督和作证。由于每一个节点记录的都是完整的账目，并且交易被组织成块，最后被组织成逻辑上的链，因此，区块链存储账本是不断增长的。由于账本完全公开且节点数目庞大，所以避免了被恶意破坏，数据丢失的可能性小，保障了数据的安全。

（2）基于密码学的加密

区块链对于数据加密和隐私保护是以密码学原理方法为基础的，主要包括哈希算法和非对称加密算法两种，一般需要组合使用。从根本上来说，哈希算法所谓的加密其实是为了能够提取数据特征，因而，可以把指定数据哈希值看作数据的特征信息。非对称加密算法的加密是由一对非对称的加密密钥构成，即公开密钥和私有密钥，该对密钥是唯一的。由于公钥与私钥是唯一对应的关系，因此，只有具有某一密钥的用户才能解密该加密信息，任何其他未授权用户都没有解密此信息的权力。

（3）多方共识机制

多方共识机制指在预定规则下多方参与，通过多个节点进行交互，在某些数据、行为或过程上达成协议。共识机制包括定义共识过程的算法、协议和规则。它是一种用于区块链或分布式分类账技术应用程序的机制，不需要中央授权来识别和验证特定价值或交易。例如，工作量证明、权益证明等共识机制，可以减少伪冒交易的发生，有利于建立适用于不同应用场景的交易验证规则，从而在效率与安全之间取得平衡。

（4）智能合约

智能合约是一种计算机协议。其本质是数字化的合同，通过信息化的方式传递、加工和处理，内容可追踪且不可篡改，区块链上丰富的资源和价值使得各种合约可以自动执行，既保证了区块链在没有中心节点的监督下能够有效地履行交易合约，又开创了基于区块链交易的可编程时代。

8.2.2.2 区块链技术在财务领域的作用

（1）企业财务信息安全方面

区块链是一种新型的以密码学为基础的加密分布式记账系统。在区块链的设计中，采用了一些新的加密技术和分布式技术以及共识机制，基于比特币的交易已经证明该系统能够满足全球范围内大规模网络交易的安全需求。但是，攻击与反攻击一直是信息安全发展的常态。对于区块链系统来说，它的复杂性和潜在的经济价值对区块链的安全性要求更高。因而，基于区块链安全技术的研究，以及发展新的安全手段，并保障这些技术和手段的安全运行，无疑对财务信息安全起到至关重要的作用。

（2）企业财务数据质量方面

财务数据的质量一方面要保证会计资料真实完整，控制有关数据的正确性与可靠性，另一方面应该在会计政策选择和会计评估上加强制度建设和技术革新。传统数据存证的最大问题是证据容易被篡改和销毁，这是由于存证需要通过票据和记录之类的方式获得，显然不严格和不安全。而依赖区块链技术形成的数据存证链，可以让人无法伪造和销毁，或者说伪造成本极其高昂，近乎不可能。数据从源头按证书、时、空的维度被精准地记录，数据真实性进一步提高。通过区块链存证技术的研究，将大大提高财务数据质量；通过智能合约的应用，将提高会计政策和会计评估的透明性和科学性，为提升财务数据价值奠定基础。

（3）企业财务工作效率方面

在财务管理方面，基于区块链技术的财务系统提高了会计信息透明度、准确性、时效性和可靠性，为提高企业财务工作效率、降低财务成本提供了支持，如图8-6所示。

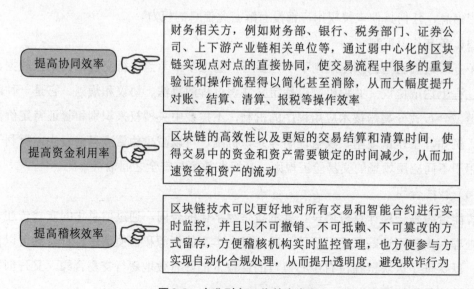

图8-6 企业财务工作效率方面

8.2.3　人工智能

8.2.3.1　何谓人工智能

从广义上讲，人工智能（artificial intelligence，AI）是计算机科学的一个分支，是研究、开发用于模拟、延伸和扩展人类智能的理论、方法、技术及应用系统的一门新的技术科学，是一门对人类智能进行延伸的学科，研究内容涉及自然科学和社会科学的所有学科。从狭义上讲，可用"深度学习＋大数据＝人工智能"公式概括，即通过计算机算法深度学习技术，在特定领域获取大量信息，并使用它在特定情况下做出合理的行动，获得最大收益的计算机程度。通俗地理解，人工智能是人类学习过程的阐明，是人类思考过程的量化、人类行为的解释以及对智能原理的了解，是人类了解自身能力的最后一步。人工智能不是人的智能，但能像人那样思考，也可能超过人的智能。

8.2.3.2　人工智能在财务领域的应用

（1）基于数据识别及语音识别的应用

这一类应用是连接人与机器、数据与机器的桥梁，是人工智能在财务领域中应用的基础。简单地说，该类应用能把纸质或者影音图像化的数据转换成计算机能够计算的结构化数据。

① 智能识票

传统模式下，在取得发票后，财会人员要人工核对票面信息，然后到税务局网站验票，时间成本很大。而采用了人工智能的数据识别技术后，可以做到智能识票，即通过OCR（optical character recognition，光学字符识别）自动识别方式，完成纸质发票或者电子发票录入和审核工作。在智能识票后，配套链接税务系统，能够完成"发票信息提取→发票验真→单据签收→智能审核"的自动化流程。

② 语音识别

语音识别是人机交互的一大创新功能。传统操作方式主要是通过鼠标、键盘输入指令，以财务软件系统为中心，且每换一个财务信息系统，财会人员就要重新学习操作方法。在人工智能时代下，财务信息系统以用户为中心，可以通过语音对话功能录入指令，完成原始凭证录入、数据查询等工作，还能省去学习新系统操作方法的时间。特别是在财务信息系统扩展到手机移动端后，语音识别功能更能让用户使用增加便捷性。人工智能在语言方面的交互性已十分强大，可以提取语音中的关键信息，自动进行归纳分类，直接存储在"大脑"中。

（2）基于大数据处理的应用

这一类应用是在完成原始凭证等相关基础数据识别和收集的基础上，替代大部分财会人员完成重复性、机械性的工作，是解放财会人员双手的一类应用。人工智能可以快速处理大量数据、24小时不间断工作、提高数据精准度，大幅节省了财会人员的体力和精力，具体包括三个方面，如表8-1所示。

表8-1　基于大数据处理的人工智能应用

序号	应用方面	具体功能
1	基础财务工作	人工智能可以利用高效的数据处理能力完成大部分的基础财务核算工作，包括如下三个方面： （1）账务处理：在获取基础数据后，自动完成账务处理，月末自动生成各类报表；在单体报表完成后，还能自动完成关联交易核对，并自动生成合并财务报表 （2）对账：完成往来账款额核对，并能对超期的应收账款进行自动预警；完成银企账户数据的核对，并自动生成银行存款余额调节表 （3）税务工作：通过纳税申报数据自动采集及链接税务系统方式，完成纳税申报数据核对及申报；通过财务信息系统和税务系统的链接，完成发票开具工作
2	预算编制和财务分析	计算机系统每秒几十亿次的计算能力是人工无法超越的，在预算编制和财务分析方面，人工智能可以很好地运用这一优势 （1）预算编制：滚动预算、零基预算、弹性预算编制方法的缺点都是工作量大，采用人工智能之后，可大大减少编制时间，提高编制效率 （2）财务分析：手工分析的情况下，做分析图表会耗费大量时间，而人工智能则能自动出具相关分析数据图表，并可以实现多维分析，指出成本费用中的差异及不合理之处，提出相对应的改善建议
3	业务、财务系统一体化	业务和财务的融合，是财务管理的发展方向，而人工智能的出现，可以促成业务和财务资源的整合，加快实现业务、财务系统一体化 （1）费控系统自动化：通过数据识别原始凭证功能、配套费控平台系统，即可完成费用报销、款项支付的自动化，费用报销流程如下：员工扫描报销单据→OCR自动识别原始凭证信息→员工在报销平台提交申请→财务审核→自动完成发票真伪、报销标准、预算监控的审核→流程审批→审批后发送财务自动付款→自动账务处理 （2）ERP系统与财务信息系统一体化：人工智能可以让财务信息系统自动抓取ERP系统中的成本管理和销售数据，除了可以自动完成凭证生成工作外，还能针对成本和销售数据的分析处理，提出合理化建议

（3）基于辅助决策的应用

这一类的应用是人工智能根据数据处理生成企业报表、分析报告，建立专门的分析模型，辅助企业决策，具体表现如图8-7所示。

经营预测	☞	传统经营预测，企业主要依靠单一模型和数据来预测，有时甚至是"拍脑袋"决定，主观性较大。而人工智能可以在完成历史数据对比分析的前提下，运用不同的会计模型和方法，建立相应的数据模型进行跟踪分析，对企业的各类投资及未来利润水平等重大事项进行预测
内控管理	☞	传统内控管理依赖于财会人员的经验，而在人工智能时代下，只要我们把相关的内控规则录入系统后，就可以帮助企业更好地执行内控制度。针对预算执行异常情况或超合同支付等，人工智能可以实现自动预警和监控，增强企业的风险识别能力，让企业能第一时间采取措施应对风险。人工智能可以更好地完成不相容职务分离控制和授权审批控制，防止越权审批、人为造假。特别是"三重一大"事项，更是可以直接设置集体联签流程，以保障制度的有效运行
绩效评价	☞	在绩效评价时，上级公司对下级企业设定一些定性和定量的考核指标，比如KPI指标、EVA指标或者是平衡计分卡等，这些指标计算工作量大，而且往往还存在各种"人情加分"，导致了不公平现象的产生。人工智能时代下，企业可以提前将绩效考核指标录入系统，年底系统根据指标完成情况自动完成绩效打分，既省时省力，还能尽可能保证公平公正

图8-7 基于辅助决策的应用

8.3 智慧财务系统建设

为了实现智慧财务运营，财务部门需要具备越来越多的垂直化能力。但要发挥其巨大创新潜力，财务部门需要利用基于平台的集成环境，运用多种垂直功能，并以数据为导向。

8.3.1 智慧财务系统顶层设计

8.3.1.1 智慧财务系统顶层设计的目标

财务信息化顶层设计以业务为驱动，以打造智慧财务系统为目标，围绕财务战略，着力提升财务四项核心能力，支撑财务管理转型升级，做好财务"四个服务"，助力企业实现战略目标，如图8-8所示。

根据智慧财务系统的要求，提炼出信息化能力，如图8-9所示。

8.3.1.2 智慧财务系统顶层设计的内容

智慧财务系统顶层设计的内容，如图8-10所示。

图 8-8 某企业智慧财务系统设计的目标

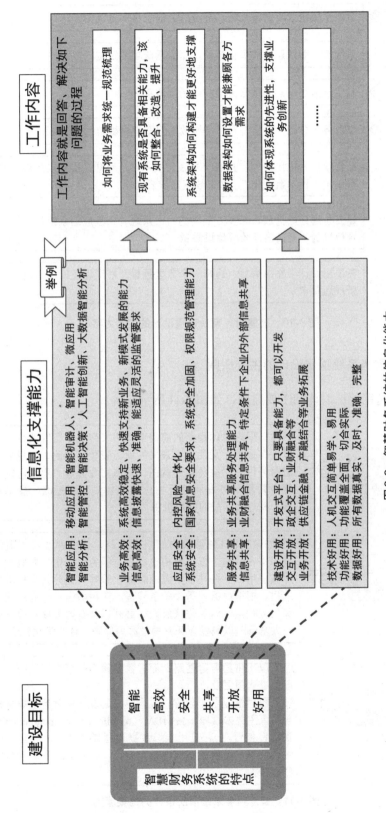

图8-9 智慧财务系统的信息化能力

内容一	全面衔接企业及财务战略，开展财务信息化业务蓝图设计
内容二	系统梳理前期建设成果和经验，厘清系统功能定位
内容三	制定财务管理面向微服务的应用场景体系
内容四	以业务为导向，提出现有财务域数据模型建设框架
内容五	结合新技术应用研究，开展统一底层技术平台设计，实现应用接入的场景化和"积木组合化"，底层数据逐步云合化
内容六	建立与通用、开放、可多方参与的"一系统"相适应的系统建设、运维管控机制，提高信息系统建设质量
内容七	在顶层设计工作结束后，选择一个典型场景开展原型设计，体现并验证新规划要求

图8-10 智慧财务系统顶层设计的主要内容

8.3.1.3 智慧财务系统顶层设计的主要原则

智慧财务系统顶层设计的主要原则，如图8-11所示。

 业务驱动、标准先行 ☞ 在业务形态总体稳定的前提下，未来架构应当既能良好支撑现有业务，又能适应未来的业务变化。因此，应规划智慧财务目标的业务能力蓝图，并依据业务能力要求，制定符合智慧财务发展趋势的应用架构、数据标准、技术标准，及与之匹配的管控机制

 架构先进、继承发展 ☞ 贯通ERP及财务管控内部信息链路，建立弹性可扩展的技术平台架构，以"架构松耦合、服务组件化"为原则构建微应用，支持共性资源的服务化管理、充分共享和敏捷应用。根据财务业务"子条线多、应用覆盖广、应用程度深"的特点，信息化顶层设计必须以现有财务核心业务应用为基础，以确保业务平稳过渡为原则，逐步优化整合

 业财协同、融合共享 ☞ （1）以"贯通业财链路、促进数据融合共享"为原则，开展信息化顶层设计
（2）协同企业全业务统一数据中心建设，将财务主数据统一纳入主数据管理平台MDM（mobile device management，移动设备管理）。应用全域数据模型设计成果，立足业财融合共享，开展数据模型架构设计，建立财务资源平台的底层架构

图8-11 智慧财务系统顶层设计的主要原则

财务信息化顶层设计作为一个企业级的信息化设计项目，在设计过程中，要根据财务信息化是企业信息化的重要组成部分和财务"四个服务"的定位，精准、有效地做好图8-12所示的三个方面的衔接。

内容一 **充分做好与前端业务信息化的衔接**

（1）需从企业价值链管理角度，从各业务条线的起点出发，端到端梳理财务相关的信息和数据流向。在业务架构、应用架构、数据架构设计层面，融合业财各项交易处理和管理要求，充分做好财务信息化与各业务信息化的有效衔接

（2）设计过程中，充分体现业务精益管理与财务精益核算的融合，如与营销系统对接收入的明细核算、与物资系统对接物资明细核算和管理，与检修系统对接检修业务的明细核算和管理等

内容二 **充分做好与企业平台架构总体规划的衔接**

（1）财务信息化顶层设计及实施路线规划必须符合企业整体信息化顶层设计规范要求，严格遵从企业"一平台、一系统、多场景、微应用"的信息化规划核心理念

（2）系统平台整合路线规划过程中，要同时兼顾企业平台架构技术规范和财务业务平稳运行的要求，如数据架构设计要全面衔接企业全域数据建模工作

内容三 **充分做好与先进技术应用的衔接**

（1）财务信息化顶层设计要适度超前和创新，充分考虑先进技术在财务领域的应用，通过技术推动业务转型，实现管理提升

（2）先进技术引入和规划，一是要按企业对先进技术的统一应用规范稳步推进；二是可以充分借鉴先进企业、外部咨询单位的先进经验，吸各家之长，少走弯路

图8-12　信息化顶层设计之三个方面的衔接

8.3.2　智慧财务系统设计的方法

智慧财务系统设计分三个阶段：业务需求与IT现状需求调查、蓝图设计与架构设计、演进路线与实施步骤设计。

8.3.2.1　业务需求与IT现状需求调查

业务需求与IT现状需求调查的目标是：解读企业战略及财务战略，调研企业的财务管控模式及业务发展期望，梳理业务现状与提升需求；调查IT功能应用、技术架构、数据架构现状，梳理IT现状与提升需求。业务需求与IT现状需求调查架构，如图8-13所示。

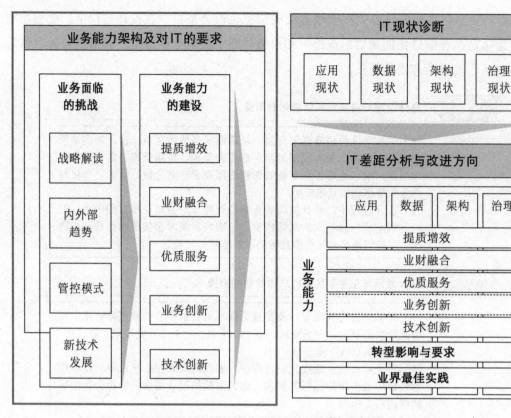

图8-13　业务需求与IT现状需求调查架构

业务需求与IT现状需求调查的输入、主要工作及输出，如表8-2所示。

表8-2　业务需求与IT现状需求调查的输入、主要工作及输出

输入	主要工作	输出
业务现状资料，包括标准流程手册、岗位职责、财务规划、企业重点规划文件等	（1）调研了解财务领导对企业未来财务业务能力的需求及项目规划的期望 （2）调研财务处室的项目期望，并确认财务业务能力现状蓝图、识别改进空间	财务业务需求现状分析报告，内容包括业务能力蓝图（现状）、提升需求等
应用、功能及系统现状摸底表：应用系统摸底表、功能健康度、系统健康度	收集、梳理当前财务应用系统定位、业务需求、功能设计、系统设计、集成设计、数据设计、系统实现、运维状况等信息	信息化现状评估分析报告，内容包括应用现状与提升需求、数据现状与提升需求、技术平台现状与提升需求
现状访谈提纲及问卷：财务部领导访谈、关键用户访谈、系统关键顾问访谈	（1）分析业务能力提升方向及对信息化的提升需求，明确与现有能力的差距及主要提升空间 （2）分析应用数据及技术平台现存的问题，识别需改进的空间，确定提升需求	

8.3.2.2 蓝图设计与架构设计

蓝图设计与架构设计的目标是，绘制企业财务业务能力蓝图，规划提升路径；承接业务能力蓝图，设计应用功能蓝图，包括应用域、应用、应用功能设计，并在此基础上理顺跨域应用交互关系，设计财务跨域应用交互蓝图。蓝图设计与架构设计，如图8-14所示。

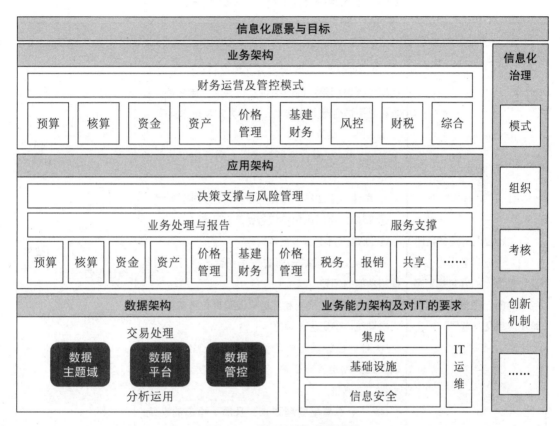

图8-14　蓝图设计与架构设计

（1）蓝图设计

蓝图设计的输入、主要工作及输出，如表8-3所示。

表8-3　蓝图设计的输入、主要工作及输出

输入	主要工作	输出
（1）财务业务需求现状分析报告 （2）信息化现状评估分析报告 （3）其他资料	（1）根据财务业务需求现状分析结果，在解读、提炼企业一体化业务应用顶层设计基础上，优化、完善财务业务能力模型，明确业务能力提升重点 （2）承接业务能力蓝图，设计应用功能蓝图，包括应用域、应用、应用功能设计，并在此基础上理顺跨域应用交互关系，设计财务跨域应用交互蓝图	（1）企业财务业务蓝图 （2）企业财务应用架构设计报告，内容包括财务应用功能蓝图设计、财务跨域应用交互蓝图

（2）应用架构设计

应用架构设计的目标是，根据财务信息化现状评估分析的结果，结合稳态（核心 SAP 系统、ERP 系统）和敏态（财务资源管理系统）的不同应用情况，确定应用系统优化策略，厘清系统边界。应用架构设计的输入、主要工作与输出，如表8-4所示。

表8-4　应用架构设计的输入、主要工作与输出

输入	主要工作	输出
（1）企业财务业务蓝图 （2）企业财务应用架构设计报告，内容包括财务应用功能蓝图设计、财务跨域应用交互蓝图	（1）根据应用系统的业务支撑度和功能/技术的健康度评估结果，同时结合是否满足一体化管理要求和是否适合服务化实现，细分为六类技术策略 ① 保留：系统保持，无须任何改变 ② 扩展：在原有系统基础上，进行应用功能的扩充 ③ 淘汰：无法满足最低的技术功能要求，淘汰 ④ 替换：用新应用系统替换原有系统 ⑤ 新建：自上而下全新构建 ⑥ 重构：考虑基于新的技术平台，进行应用结构和功能的调整 （2）根据管理要求和服务化改造可行难易度进行二次调整，确定优化策略 ① 对于已经满足管理要求且属于稳态的系统，以及已经满足管理要求，适合敏捷化实现的系统：不做二次调整 ② 对于不满足管理要求，且属于稳态的系统：根据业务和管理要求做相应的功能技术实现调整 ③ 对于不满足管理要求，适合敏捷化实现的系统：综合业务和管理调整要求，采取服务化路线和建设模式，做相应的功能技术实现调整	（1）财务应用架构设计报告 （2）财务应用系统优化策略

（3）微服务（应用功能模块）设计

微服务（应用功能模块）设计的目标是，对各个应用功能模块，从业务和技术角度分析其是否适合服务化的实现方式，确定技术路线和建设模式，进而逐步识别、分解出业务服务组件和技术服务组件，并制定财务管理面向微服务的应用场景体系。

微服务（应用功能模块）设计的输入、主要工作及输出，如表8-5所示。

表8-5　微服务（应用功能模块）设计的输入、主要工作与输出

输入	主要工作	输出
（1）财务应用架构设计报告 （2）财务应用系统优化策略	（1）功能子项分解：按照动名词单一化原则，每个功能子项实现一个动作。功能子项动名词单一化要求，即一个功能子项中仅出现一个动词和一个名词，形成功能子项 （2）操作抽象分解：按照操作抽象单一化原则，将动词抽象出操作动作；根据界面去除原则，服务内不包含客户端界面展现，去除展现操作 （3）数据关联分解：根据数据关联性原则继续拆分，面向数据对象低耦合、高内聚，将不同数据分解为不同操作（低耦合），相同数据对象的同类操作合并（高内聚） （4）服务重用分析：根据服务组件合并原则，查询是否有可以重用的服务。如果已有服务的数据对象和操作相同，则采用已有服务；同时对于操作对象相同的服务，根据业务处理完整性可以进行合并	（1）财务核心业务应用服务组件目录 （2）财务业务应用服务组件目录清单

（4）数据架构设计

数据架构设计的目标是，以业务为导向，提出现有财务域数据模型建设框架。从数据建模的角度对企业现有的和未来计划的业务进行抽象和表述，形成企业全局数据视图架构蓝图，明确数据资产在企业各项业务能力以及IT应用中的分布，从而构建企业的数据蓝图。

数据架构设计的输入、主要工作及输出，如表8-6所示。

表8-6　数据架构设计的输入、主要工作与输出

输入	主要工作	输出
（1）财务核心业务应用服务组件目录 （2）财务业务应用服务组件目录清单	（1）数据资产梳理：通过对企业IT应用和业务需求的分析，梳理企业现有的数据资产，包括主数据、交易数据、指标数据等 （2）建立数据模型蓝图：基于企业现有的数据资产以及具体的业务应用目标，对业务数据需求进行规划；以规划的成果为输入，识别和划分数据主题域分类及其关联关系，形成主题域分类和关联关系定义 （3）构建数据架构蓝图：在企业数据模型的基础上，明确数据主题域对业务能力的支撑关系，形成新的全局企业数据视图	（1）财务域数据架构蓝图设计报告 （2）财务域数据概念模型设计（财务域数据概念模型） （3）财务域数据逻辑模型设计（财务域数据逻辑模型）

（5）技术架构与管控体系设计

技术架构与管控体系设计的目标是，建立可扩展的技术平台架构，以"架构松耦合、服务组件化"为原则构建微应用，支持共性资源服务化管理、充分共享和敏捷应用的快速组合构建，及相关管控机制。

技术架构与管控体系设计的输入、主要工作及输出，如表8-7所示。

表8-7　技术架构与管控体系设计的输入、主要工作与输出

输入	主要工作	输出
（1）财务域数据架构蓝图设计报告 （2）财务域数据概念模型设计（财务域数据概念模型） （3）财务域数据逻辑模型设计（财务域数据逻辑模型）	（1）财务共享 （2）资源调控 （3）经营管控 （4）风险防控 （5）智能决策 （6）外部场景等	（1）财务技术平台和服务化解决方案设计报告，包括财务技术架构与能力蓝图、核心技术服务组件 （2）财务应用微服务建设指导规范，包括应用系统微服务的拆分、微服务的架构、微服务设计、微服务开发、微服务运营的指导规范 （3）财务信息化运营体系蓝图设计报告，包括应用系统准入要求，规划智慧财务信息化的运营能力，相关的组织、流程、原则建议

8.3.2.3　演进路线与实施步骤设计

演进路线与实施步骤设计的目标是，依据应用系统现状评估分析结果和优化策略，结合系统建设工作的优先级排序，制定实施路线，为未来5~10年财务信息化有序建设提供依据；并在顶层设计结束后，选择一个典型场景进行原型演示。

演进路线与实施步骤设计的输入、主要工作和输出，如表8-8所示。

表8-8　演进路线与实施步骤设计的输入、主要工作和输出

输入	主要工作	输出
（1）财务技术平台和服务化解决方案设计报告 （2）财务应用微服务建设指导规范 （3）财务信息化运营体系蓝图设计报告	（1）制定单个系统建设工作的项目卡片，细分不同应用系统建设间的关联关系、依赖关系等 （2）识别不同应用建设工作间的关联模式 （3）确定优化措施实施阶段与路线：结合财务应用系统建设工作的紧迫度、投入支出比、优先级排序、彼此间关联关系等，对其进行企业层面的排序，并对不同业务条线的系统建设工作进行均衡，合理配置企业可用资源，形成可操作的实施路线	（1）财务信息化演进路线设计报告 （2）典型场景原型详细设计

[实例 1] >>>

金蝶智能财务中台应用架构

业务前台

销售管理
采购管理
生产管理
仓储管理
资产管理
……

财务中台

财务应用

费用中心 | 税务管理中心 | 预算管理中心
应收中心 | 库存核算中心 | 风险控制中心
应付中心 | 资产价值中心 | 财务预测中心
开票中心 | ……中心 | 投资管理中心

管理控制 ⇄ 决策支持

司库管理中心
绩效管理中心
财务分析中心
财务决策中心

交易处理

共享运营

任务派单 | 运营监控 | 员工绩效 | 质量管理 | 满意度管理 | SLA | ……

规则引擎

会计引擎 | 对账引擎 | 关账引擎 | 成本引擎 | 收入引擎 | 预算引擎 | ……

基础支撑

组织 | 账户 | 权限 | 账簿 | 科目 | 币种 | 期间 | 客户 | 供应商 | ……

技术能力

多维表单 | 卡片 | RPA | A服务 | 安全组件 | 分布式计算 | API | DevOps

账务后台

会计凭证
财务报表
财务报告
财务档案
……

数据平台

数据标准 | 数据抽取 | 数据计算 | 数据池 | 数据模型 | 数据应用 | 数据质量 | 元数据

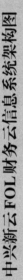

[实例2] »

中兴新云FOL财务云信息系统架构图

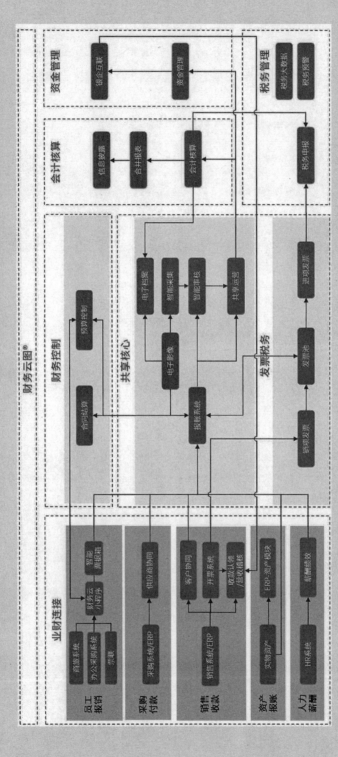

以中兴新云FOL财务云信息系统架构图为例进行介绍，企业核算层信息系统分为业财连接、共享核心、发票税务、会计核算、资金管理、税务管理。财务云图入八个模块，通过前端业务系统的广泛连接、财务控制、深入数据挖掘并可视化展示分析结果，充分发挥系统间的协同效应，实现财务运营的合规高效和价值创造，助力企业数字化创新。

来源：《2020年中国共享服务领域调研报告》

8.4　财务共享服务中心的建立

8.4.1　财务共享服务中心是什么

财务共享服务中心模式是依托信息计算、云计算和大数据技术，以财务业务流程处理为基础，以优化组织结构、规范流程、提升流程效率、降低运营成本或创造价值为目的，以市场为导向，为内外部单位提供专业化服务的分布式管理模式。财务共享服务中心是企业集中管理模式在财务管理上的最新应用，其目的在于通过一种有效的运作模式来解决大型企业集团财务职能建设中的重复投入和效率低下等弊端。

8.4.2　财务共享服务中心建立的必要性

在规模快速增长的背后，企业集团开始专注于增长质量与治理能力，其中，财务职能的运营效率、决策支持能力、价值创造能力成为 CFO 普遍关注的重点。

集团型企业通过构建财务共享服务中心，可以实现财务运营模式的变革，从而更好地支持业务创新发展与管理能力提升。财务共享服务中心的功能，如图 8-15 所示。

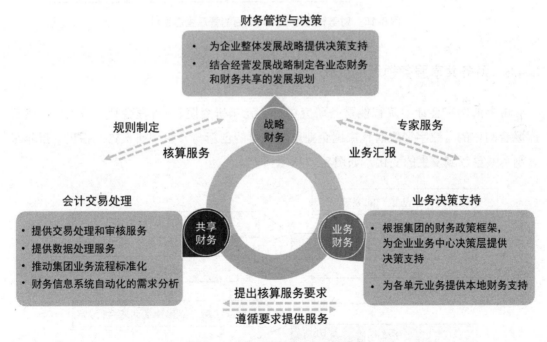

图 8-15　财务共享服务中心的功能

数字化技术浪潮将推动财务管理实现跨时代的变革，通过综合运用并整合颠覆性技术、创新、数据与数字化人才，原有财务管理体系将呈现出崭新的管理生态系统（如图 8-16 所示）。集团企业应关注新技术的应用，为财务管理的数字化转型打好基础。

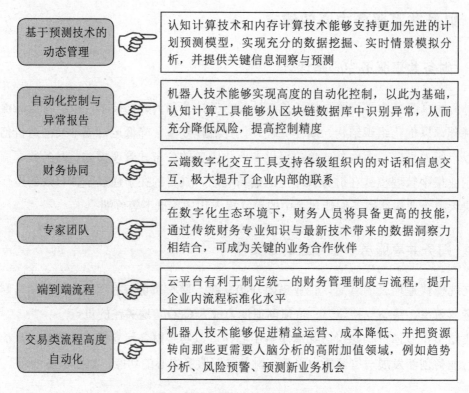

图8-16　财务管理数字化转型后的管理生态系统

8.4.3　财务共享服务领域的变化

由上海国家会计学院智能财务研究中心、元年研究院、《管理会计研究》CMAS智库联合制作的《数字智能时代中国企业财务共享的创新与升级调研报告》指出，近年来在财务共享领域发生的变化，如图8-17所示。

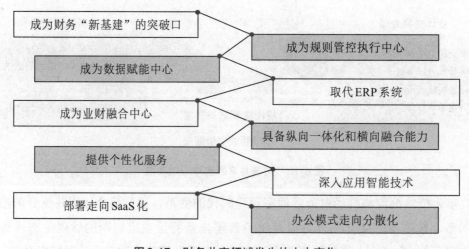

图8-17　财务共享领域发生的十大变化

8.4.3.1 成为财务"新基建"的突破口

研究发现，财务共享中心在企业中的定位正在发生明显的变化。

财务共享中心的职能由原来单一的核算职能拓展到多个职能。最为典型的三大职能就是推动财务转型、加强管控和进行数据赋能。

财务共享中心建设涉及组织、流程、系统、主数据等财务基本建设方面的整体变革，同时也是财务职能最基础的一次转型。企业通过财务共享中心的建设为整体财务的数字化转型建立了良好的制度基础和数据基础。

🔍【实例3】▶▶▶

某集团的财务共享中心

借助信息技术，围绕"智慧财务"的目标，南京某集团的财务转型以财务共享为突破口，通过财务共享中心建设将集团成员单位的会计基础核算从流程、规则、主数据、共享系统平台层面进行统一规范，从而提高了财务核算的效率和质量，将各级财务从繁杂的核算工作中解脱出来，逐步实现集团财务、财务共享中心、分支机构财务三分离的组织和分工模式，为财务整体转型打下良好的基础。

该集团财务共享中心涉及的业务范围基本上涵盖了业务与财务一体化所有的业务范围，是该集团一次基础的财务变革，为后续整体财务转型建立了很好的制度基础和数据基础。该集团财务共享图示如下所示。

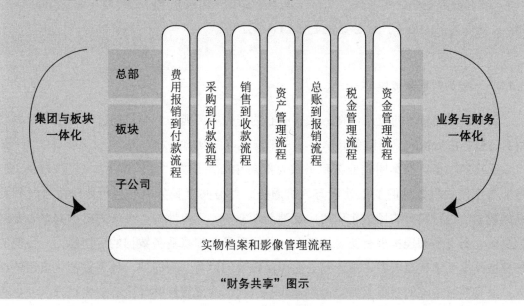

"财务共享"图示

8.4.3.2 成为规则管控执行中心

将集团管控的诉求植入共享中心流程规范、主数据的标准化管理中，达到集团对成员企业业务管控的目的，同时通过过程管控的节点发现管理存在的问题。财务共享中心未来必将成为集团的一个管控执行中心。

传统管控方式在财务流程中分别设置多个管理控制点，业务事项分别流转到各职能部门或岗位进行专业审核。

财务共享中心设立后，新的发展趋势是把税务、资金、风险、预算等部门定位为事前政策的制定者和事后监督者，事中的执行控制由财务共享服务中心来统一承担。

"规则管控中心"将会成为未来财务共享平台的一个重要功能，扮演系统大脑的角色，所有的管控策略和规则都在规则管控中心进行统一维护和管理，并借助AI智能技术，辅助财务人员进行自动化监控和判断。

🔍【实例4】▶▶

江苏某集团的"规则管控中心"

江苏省某集团财务共享服务中心已实现130家单位财务共享，200家单位统一"三算一表"业务，涵盖600多个金融账户，20家银行实现银企直联。

财务共享服务中心初步做到事权审批流程梳理规范、网上审批快捷高效、审批过程清晰留痕；资金收支业务实现移动报销、移动审核、线上支付、及时到账；财务数据实现多级次、多维度穿透联查，统一月度关（结）账时间，为业务管控、财务数据快捷报送创造了条件。目前，建成的总部和苏州分中心已处理单据90 000条，生成凭证近95 000条，银企直联支付20 000万笔。

8.4.3.3 成为数据赋能中心

随着数据化技术的应用，财务共享中心的记账服务能力逐渐被新技术替代，而发展自身的数据服务能力成为财务共享中心未来要重点建设的能力。

近几年很多大型集团企业把财务共享服务中心定位为"数据服务中心"，为企业内各业务部门提供数据的加工处理与分析服务。财务共享服务中心利用业财融合过程沉淀的数据，进行实时的场景化应用，反哺前端业务。简单地说，今天的财务共享中心必须具备业务交易和连接现有交易的能力，并同时具备提供业务数据的应用能力。传统的核算型共享要求快速转型，进入到业财深度融合的财务共享时期。随着数据化应用的深入，财务共享中心的核算服务功能将逐步被替代，为此传统共享中心急需提升自身更有价值的能力，只有提高了对企业的价值，共享中心才能走得更远。

8.4.3.4　取代ERP系统

ERP不再是企业信息化的核心系统，取而代之的是具备业财融合能力和业务过程管控能力的新共享平台，它承载企业集团和分支机构的管控和协同业务需求。

ERP系统核心能力是解决企业内部管理的两个关键场景：内部产销价值链和业财一体化。随着数字化的发展，企业业务的个性化和外部协同的发展要求，相对标准化的方案能力和偏企业内循环的系统定位ERP的劣势逐渐凸显出来。

企业急需一套既能向前连接业务和交易对象，又能向后连接后台系统的，承上启下的信息化中枢。

8.4.3.5　成为业财融合中心

以传统报账为起点的浅层次业财融合正在往业务的纵深发展。同时，数据服务为共享服务中心价值创造提供了更广阔的发展空间，财务共享的边界由财务核算转向财务核算和经营分析并重。

财务共享服务中心项目实施过程中，最重要的一部分工作是对业务和信息处理流程进行梳理，把业务系统和财务系统高度集成，打通流程和数据断点，实现业务和财务端到端的自动化流转。财务共享中心既可以构建业务过程管理，又可以连接现有业务管理过程，实现业财深度融合。

在流程和数据事例的基础上，也进一步推动了财务共享服务中心能力的延展。传统中部分工作与业务活动结合较为紧密，由业务和财务承担的职能，也逐步纳入到了共享服务中心来统一提供标准化的服务。

8.4.3.6　具备纵向一体化和横向融合能力

纵向一体化是指财务共享中心的服务内容从"事务型"工作逐渐外延至"管理型"工作，横向事例是指多种共享中心的集成和融合。

（1）纵向服务一体化

纵向服务一体化是指财务共享中心的服务内容从"事务型"工作逐渐外延至"管理型"工作，从低价值的基础核算向高价值的财务分析、经营决策、预算管理、风险管控等进行延伸，最终将财务共享中心建设成为企业的价值创造中心。

传统的财务共享中心被定位为企业的"核算中心"，前端对接业务系统承接与核算相关的信息，后端对接核算系统生成的会计凭证，财务共享中心在此阶段通过标准化、规范化的核算流程，发挥集约效应。

新一代财务共享中心由"核算中心"演变为"业财融合中心"，财务共享平台需要联通前端业务系统，沉淀大量业务信息，支撑业务分析以及财务结果的业务回溯，成为企业的业务中心；后端财务共享平台需要与企业的管理会计平台进行集成，实时向平台提供业务信息及财务信息，用于管理分析及管理决策。

（2）横向融合

横向融合是指多种共享中心（财务共享中心、人事共享中心、法务共享中心、IT共享中心、采购共享中心、行政共享中心等）的集成和融合。

未来共享服务中心不再仅仅局限于财务领域，它会将财务、法务、IT、采购、人事等职能整合到一起，形成企业的大共享中心，然后通过统一的运营管理平台对不同职能的共享进行集中管理，进一步实现集约化和规模化效应。

8.4.3.7　提供个性化服务

财务共享中心可支持灵活性、可拓展性工作，可以给客户提供个性化的"柔性"流程服务。

8.4.3.8　深入应用智能技术

通过智能化技术的应用，可进一步提升流程处理效率，节约运营成本，同时助力共享中心升级，成为企业的核算中心、数据中心、决策支持中心、风险管控中心，实现共享运营。

8.4.3.9　部署走向SaaS化

从基础的商旅、商城资源接入，提高企业内部消费和外部资源的连接和业务协同，再逐步接入外部供应商和客户的协同对账结算，以及纳税申报的线上化处理等，财务共享将走向SaaS化，实现更加高效的生态协同和联动机制。

尽管企业内部数据中心部署依然是主流，但企业信息系统的云部署化仍是发展趋势。随着外部交易对象协同能力的加强，企业必须通过财务共享平台和内外部交易对象进行交易处理的实时在线协同。基于此，混合云或完全SaaS化的财务共享平台部署将逐渐成为主流。

8.4.3.10　办公模式走向分散化

办公模式走向分散化，即共享组织和人员岗位办公地点可以延伸到业务单位，财务共享中心的组织模式由原来的大集中，会慢慢走向管理集中、地点分散的服务模式。

财务共享的SaaS化应用模式使得共享岗位异地协同变得越来越容易，财务共享组织和地点的选择越来越灵活。地理位置和集中的实体组织将不再是决定财务共享中心建设的关键因素，原来以集约型组织、集中化处理为特征的财务共享模式将会得到彻底颠覆。

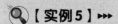【实例5】▶▶▶

某集团的财务共享在线协同

某集团是全球知名的智慧能源解决方案提供商，业务遍及140多个国家和地区，全球员工超3万名。

在建设初期，集团将财务共享中心作为财务部下属的内部职能部门，以支定收，成本分摊；后期逐渐转为独立运营管理的利润中心。

目前该集团主要有三个生产基地，如果在总部设置一个集中的财务共享中心，会带来效率和服务效果的问题；如果分开三个共享中心，又会增加集团管控的难度。最终方案是设置一个共享中心，采取按地区分组的模式，分散办公地点，确保共享中心就近服务，提高沟通和服务效率。该集团的财务共享在线协同架构，如下所示。

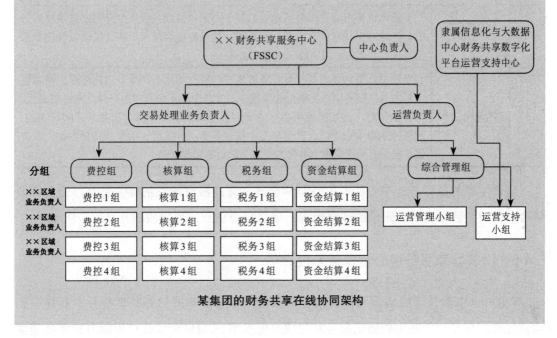

某集团的财务共享在线协同架构

8.4.4 财务共享服务中心运营模式

2020年，ACCA、中兴新云、厦门国家会计学院联合开展中国共享服务领域调研，出具了《2020年中国共享服务领域调研报告》，该报告提出了财务共享服务中心的五大运营模式，如表8-9所示。

表8-9 财务共享服务中心运营模式

序号	模式	说明
1	全球中心	全球中心是将企业全球内可以集中的财务与业务都通过一个统一的共享服务中心进行处理。目前中兴通讯采用的就是全球中心模式。全球中心规模经济优势显著，但由于需要面对语言、文化、时差、法律等各方面差异，应对全球会计准则、税务法规等各方面的压力，建设和实施难度最大。因此，也有一些企业会根据自身情况选择全球多中心的模式，比如华为
2	区域多中心	区域多中心是指企业将全球或全国某一区域范围内分支机构的财务工作集中整合到一个中心。这种模式被很多外资企业所采用，比如英国石油、施耐德电气等企业。在中国企业中，部分央企或国企常选择"一个总中心+多个分中心"的战略布局，即虽然建立多个区域共享服务中心，但都由集团总部统一管理，比如中石油、中石化等
3	业务板块多中心	业务板块多中心是指企业按照不同行业板块分别建立共享服务中心。对于经营范围广、产业链复杂的企业，同一行业板块的财务与业务同质性高，处理规则相似，易于经验共用。一定程度上，业务板块多中心也可以被视为"下级单位中心"，比如，华润集团在华润置地、华润水泥、华润燃气等二级单位分别建立了共享服务中心
4	下级单位多中心	下级单位多中心是指集团企业的各个二级单位或三级单位分别建立共享服务中心，这种模式常见于大型企业集团，其业务规模庞大，各二级单位管理体系相对独立，比如中国交建、中国铁建等
5	专长中心	专长中心是为处理某一类业务流程专门设立的中心，如专门处理供应商对账结算的共享服务中心。在企业实践中，专长中心更多是作为一种补充组织形式，与其他中心（比如区域中心）协同为企业集团提供服务。比如，壳牌（Shell）的格拉斯哥中心专门负责全球集中报销业务，与印度、南非、马来西亚、菲律宾、波兰五大区域中心共同为壳牌全球业务提供服务

需要注意的是，单一中心和多中心两种模式之间并没有绝对的优劣之分，企业需要结合自身的经营情况以及未来的战略规划，建立符合企业发展阶段的共享服务中心。

8.4.5 财务共享服务中心运营成熟度评估

《2020年中国共享服务领域调研报告》指出，基于多年的财务共享服务中心建设和运营经验，在充分借鉴中兴通讯财务管理成熟度模型FCMM和软件过程能力成熟度模型CMM（capability maturity model）的基础上，中兴新云梳理了财务共享服务中心运营成熟度模型，即FSSCMM模型。该模型将共享服务中心运营分为四大关键驱动因素，即组织人员、业务流程、运营管理、信息系统，每个驱动因素下又设置多个二级、三级指标。通过对每个驱动因素设置不同的权重，再将各个维度的得分按照权重进行合计，可得出最终运营成熟度评估结果。

8.4.5.1 FSSCMM模型成熟度评估指标

成熟度评估FSSCMM模型，如图8-18所示。

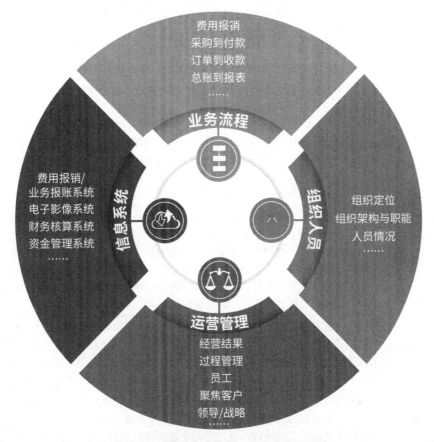

图8-18 成熟度评估FSSCMM模型示意图

8.4.5.2 FSSCMM模型的十一个维度

《2020年中国共享服务领域调研报告》指出，FSSCMM模型将运营管理分为十一个维度（如表8-10所示），每个维度对于财务共享中心的持续运营都非常重要，但在企业不同的发展阶段，管理者所关注的重点将会有所不同。

表8-10 FSSCMM模型的十一个维度说明

序号	维度	说明
1	目标管理	确定共享服务中心的目标，是衡量共享服务中心组织活动成效的标准，也是其他所有运营管理行为得以有效运行的前提。所以，共享服务中心需要有一个明确的、贯穿各项活动的统一目标，并在共享服务中心建设和运营的过程中持续地向全体员工进行宣贯，达到企业整体层面的目标一致、文化相符。当然，在共享服务中心发展的不同阶段，目标会有不同的偏重

续表

序号	维度	说明
2	服务管理	服务管理是共享服务中心对服务对象提供服务的效果、能力、时限、态度等服务质量工作的管理与提升过程。服务管理通过对一系列指标的监控、分析，了解客户需求，并依托于全员参与服务，以达到客户满意的目标。共享服务中心提供服务的方式多样，包括服务热线、公共邮箱、交流网站等。服务质量的测定，可以通过逐单反馈、电话访谈以及定期发放问卷调研等方式收集客户反馈
3	知识管理	对于共享服务中心来说，知识管理即有意识地将日常所需和形成的知识进行整理和沉淀，对知识的流动过程加以引导，鼓励员工在工作中不断学习与创新，形成信任合作、分享交流的组织文化，从而将共享服务中心建设为知识型组织。共享服务中心的知识管理可通过建立知识管理组织、成立专家网络、建立知识库、进行知识贡献度管理等方式来进行，搭建知识库是最为常见和易于进行知识沉淀、分享的方式，知识库的内容是否充足、更新是否及时也是对知识管理维度进行考量的重要指标
4	人员管理	人员管理主要目的是帮助共享服务中心选拔合适的员工、进行人员培训、激励员工、设计员工发展通道，进而形成并完善共享服务中心人员的招聘、培养、激励和晋升机制，发挥人员的最大"能动力"。除在共享服务中心内部明确晋升通道外，许多企业的管理者也将共享服务中心定位为企业财务人才的资源池，希望可以发挥"人才中心"的作用，从中选拔优秀人才，通过跨部门调动或晋升的通道，为不断优化的财务人员结构服务
5	学习管理	学习管理是以完善的培训管理体系和知识管理体系为基础，建立良好的学习环境和学习激励机制，最大限度地激发员工的学习热情，员工自主学习和企业培训双管齐下，将共享服务中心打造成学习型组织的一个过程。学习管理机制包括营造学习环境、鼓励员工自主学习、搭建培训体系、建立激励与考核机制
6	流程管理	流程管理是一种以规范化构造端到端的卓越业务流程为中心，以持续提高组织业务绩效为目的的系统化方法。流程管理并不是一劳永逸的一次性流程变革，而是持续动态优化的过程，通过优化企业的组织架构、设计灵活易变的流程环节、打造面向客户的管理机制等一系列措施，来提高企业的运行效率、优化资源利用率、改善人员之间的协作关系，从而降低企业运营成本，提高对客户需求的响应速度，实现更大的价值创造。共享服务中心作为企业部分流程管理的"负责人"，通过对财务及前端业务流程的梳理再造和持续改进，推动了企业经营流程的优化和内部治理水平的提升
7	系统管理	信息系统是承载具体工作、规范业务流程、提升运营效率的重要工具。信息系统管理以系统建设原则为基础，通过系统管理组织的支撑，进行系统新建实施、日常运维、优化升级等管理工作，从而达成系统有效支持共享服务中心业务运作的目的
8	标准化管理	标准即如何持续正确地做事。对共享服务中心而言，标准化管理是指对业务活动制定通用和可被重复使用的规则，在一定范围内获得最佳秩序和最大经济效益，包括标准的制定、发布及实施。共享服务中心的标准化管理无处不在，贯穿于流程管理、组织管理、质量管理、绩效管理、培训管理、服务管理之中，起到固化流程、提升效率、树立品牌的作用。标准化建设能为共享服务中心提供明确的评价标准，形成完整的流程和程序，也为员工提供了行为规范和标准，保证了交付质量，是共享服务中心高效运作的基础

序号	维度	说明
9	质量管理	共享服务中心作为运营实体，通过对外部输入进行处理，从而形成服务产品。在这种基于业务处理的运营模式下，共享服务中心必须通过质量管理的加强来保障产品输出过程和结果的安全可靠、高效准确
10	绩效管理	绩效管理是监控和管理组织绩效的方法、准则、过程和系统的整体组合，它涉及组织管理和运营的方方面面，并以整体一致的形式表现出来。绩效管理包括组织绩效和人员绩效，强调组织目标和个人目标的一致性 绩效衡量的指标有业务处理时效、业务处理质量、服务满意度、沟通与协作及对服务需求的及时响应、业务处理成本、通过数据分析对管理决策的帮助程度、员工流动率、盈利水平等
11	创新管理	创新管理鼓励员工在工作过程中不断创新，对工作中发现的问题提出质疑和创新性的解决方案。创新管理的关键是组织的创新意识及相关人员对新事物的接受程度。对于共享服务中心来说，创新指共享服务中心为解决问题、实现目标、提高组织价值而利用现有的知识和物质基础，在特定的环境中，改进或创造新的事物，包含战略创新、组织创新、文化创新、制度创新、技术创新、客户创新等要素

8.4.6 财务共享服务中心项目实施整体策略

财务共享服务中心项目实施整体策略，如图8-19所示。

策略一 ▷ **"顶层规划，共享聚焦"的财务转型**

基于集团财务职能价值化转型的目标，关注组织架构设计与人员能力提升，并以共享中心建设为切入点

策略二 ▷ **"先优化，再固化"的业务流程变革方案**

在共享流程的变革管理过程中，采取先进行流程梳理和优化，再通过信息化手段进行系统固化的方式，实现有效的流程控制

策略三 ▷ **"蓝图规划，分步实施"的系统实施规划**

基于集团整体信息化建设的蓝图规划，先搭建整体信息平台架构，然后根据共享推进计划，分步实施

策略四 ▷ **"试点先行，逐步推进"的共享实施计划**

为了确保共享变革的顺利推进，将成熟度较高以及人员变革难度较小的企业（单元）作为试点先行推进，在完成业务顺利过渡后，逐步纳入其他区域企业、集团企业

图8-19 财务共享服务中心项目实施整体策略

8.4.7　财务共享服务中心项目成功的保障因素

企业若要建立财务共享服务中心，确保项目成功，必须满足图8-20所示的因素。任何一项因素的缺失都可能导致项目在推进过程中面临巨大挑战。项目管理的双方应紧密合作，确保项目顺利推进。

因素一　取得企业高层的认可及业务部门的协助

企业的经营理念很大程度上是企业管理者思想的延伸，所以建设财务共享服务中心，首先需要获得企业高层的充分认可并得到其强有力的支持，企业高层的重视将会减少整个企业导入财务共享理念的阻力。其次，还需要赢得企业内部各职能部门的信任并得到其协助和配合。财务共享服务中心的建设势必会给其他职能部门带来各方面的影响，取得了职能部门的信任才能加速其顺利推广

因素二　充分调研，设计框架，制订计划

务必要进行充分的前期调研工作，全面了解企业完整的业务现状，根据业务需求，站在财务角度考虑财务共享服务中心系统的整体规划，完成财务共享服务中心的框架设计并制订具体实施计划

因素三　系统有机融合，构建业财一体化

财务共享服务中心系统与财务内部系统之间、与各业务系统之间能否有效整合是财务共享服务中心能否发挥最大效用的关键因素。不同企业的信息化程度不同，即使是同一企业不同业务系统之间的信息化也可能存在着具体的差异，再加上不同功能的系统软件之间的差异问题，造成了系统融合的困难和复杂。所以，在财务共享服务中心系统的规划中就需要事先考虑各种业务系统如何进行融合，以推进业财一体化最大限度地发挥信息化平台的优势。例如，明确哪些数据可以从业务系统采集支撑、相应的业务系统是否需要进行统一数据口径、接口如何搭建等，以避免后期再耗费大量的财力、人力进行改造融合

因素四　流程再造需适应企业发展

不同的行业性质，其业务流程自然会不同，即使是同一行业的不同企业，其业务流程也会不同。影响企业业务流程的因素有很多，如所处的环境、企业规模、管理方式等，其中任何一个因素都可能导致同一行业不同企业的流程完全不同。因此，企业在进行流程再造时切忌照搬照抄别人的经验，而应根据企业本身的业务特点去设计企业的业务流程，使其适应企业的发展

图8-20　财务共享服务中心项目成功的保障因素

8.4.8　财务共享服务中心的建设步骤

财务共享服务中心的建设步骤如下所示：

（1）制订规划

财务共享服务中心的建设需要与企业的管理模式、管理理念、组织结构、核心业务和业务流程相适应。企业应立足于企业的战略目标、定位和当前的发展需要，做出一个总体规划。

（2）选址

财务共享服务中心的选址需要考虑许多因素：经济因素、战略因素、人力资源、规划数量、环境因素等。其中一个重要的因素就是经济因素，包括物业成本、人力成本、通信成本等。

（3）构建系统构架

财务共享服务中心的建立需要依靠信息技术的支持与完善，不论是简单的业务核算还是复杂的财务管理甚至财务决策，每个业务实现的流程都依赖强大的信息系统平台的建立。企业需要根据管理要求和业务需求，并结合系统规划的实际现状，制定财务共享平台的系统构架。

（4）确定业务范围

纳入财务共享服务中心的业务通常是重复度高的、劳动密集型的、可实现的、易于实施的，或者具有标准化的工作流程并且可自动化处理。一般来说，财务共享服务中心最主要的业务类型包括会计核算、资金管理、税务作业、数据及报表管理等。

（5）流程再造

流程是企业运作的基础，所有的业务都需要流程来驱动，流程在流转过程中可能会携带相应的实务流、资金流、信息流，一旦流转不畅，就会导致企业运作的不顺。科学、标准的流程是财务共享得以高效运作的基础，也是实现信息化的前提，所以进行业务梳理并优化再造流程显得尤为重要。

 **相关链接** ‹ ···

某企业业务流程设计示例

某企业根据前期调研结果，结合行业实践，编制形成企业的业务流程标准图，包括财务核算与财务管理流程在内的三级流程框架示例（共118个），如下图所示。

三级流程框架示例

财务核算流程（共75个） — 核算价值提升

1. 销售至收款	2. 采购至付款	3. 员工费用报销	4. 存货与成本	5. 资产管理	6. 总账核算与报告
1.1 销售至收款的事前管理	2.1 采购发票处理及核算	3.1 备用金处理	4.1 存货管理	5.1 资产新增与维护	6.1 总账核算处理
1.2 扣率/协议价格与信用管理	2.2 预付款处理	3.2 员工费用报销处理	4.2 期末存货与成本处理	5.2 资产报废与处置	6.2 银行余额调节表编制
1.3 客户折扣折让处理	2.3 关账及应付账款管理	3.3 关账及费用报销分析		5.3 资产期末关账	6.3 内部往来处理
1.4 开票与收入确认					6.4 总账期末关账
1.5 收款核销					6.5 合并报告与审计支持
1.6 销售退货处理					6.6 会计档案管理
1.7 其他应收应付款管理					
1.8 关账及应收账款管理					

财务管理流程（共43个） — 战略价值提升

7. 资金管理	8. 预算管理	9. 管理分析	10. 税务管理	11. 综合管理
7.1 资金计划管理	8.1 年度预算制定	9.1 管理报告体系设立	10.1 纳税申报及税务分析	11.1 会计政策设立与变更
7.2 资金集中管理	8.2 预算执行与调整	9.2 管理报告编制与报送	10.2 境外非贸付款税务管理	11.2 会计科目设立与变更
7.3 资金账户管理	8.3 滚动预测		10.3 税收政策研究及筹划	11.3 财务内控合规管理
7.4 银行预留印鉴管理	8.4 费用事前管理			11.4 客户及供应商主数据管理
7.5 资金收益管理				11.5 财务信息化管理
7.6 资金对账				11.6 综合协调事项管理
7.7 资金结算管理				

围绕业务衔接紧密度与价值提升能力两个维度，识别适合纳入共享服务的业务流程，如下图所示。

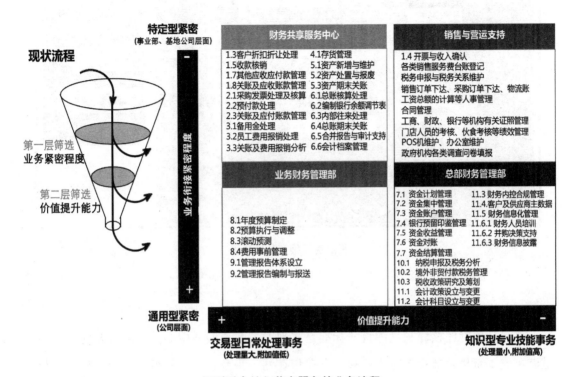

识别适合纳入共享服务的业务流程

业务流程设计的总体原则如下图所示。

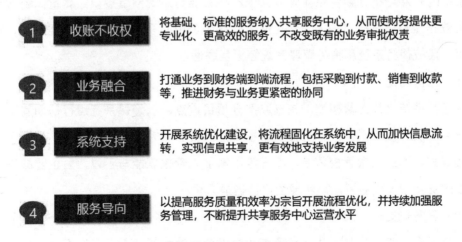

1 收账不收权 将基础、标准的服务纳入共享服务中心，从而使财务提供更专业化、更高效的服务，不改变既有的业务审批权责

2 业务融合 打通业务到财务端到端流程，包括采购到付款、销售到收款等，推进财务与业务更紧密的协同

3 系统支持 开展系统优化建设，将流程固化在系统中，从而加快信息流转，实现信息共享，更有效地支持业务发展

4 服务导向 以提高服务质量和效率为宗旨开展流程优化，并持续加强服务管理，不断提升共享服务中心运营水平

业务流程设计的总体原则

流程设计示例：员工费用报销处理流程，如下图所示。

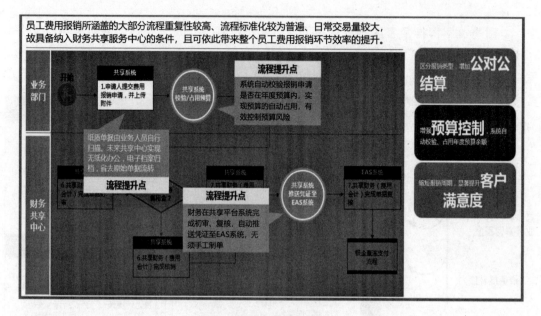

员工费用报销处理流程

（6）统一标准

制定各项管理核算制度的统一标准是实现财务共享服务中心的一项重要内容，特别是涉及成本费用及核算的标准口径。各单位在同一平台、同一制度、同一标准下执行各项核算，使审核更加高效，绩效考评更加清晰，财务分析更加准确。

（7）开发实施

系统的开发需充分融合企业管理需求，与各业务系统预留接口，尽量保证财务需求的业务数据能够通过接口接入。企业财务共享服务中心系统应与资金管理系统、财务会计系统、债权债务系统和税务管理系统等相互联通。

（8）运营优化

企业在系统上线运营初期，先选取部分项目试点，以确保系统运行初期效率，保障业务顺利开展。项目选择应尽量覆盖各主要业务类型。系统运营稳定后，根据企业战略目标和规划，通过内置管控体系、流程等不断加入管控职能与手段，为企业战略决策提供必要的支持和优质服务，以实现企业价值最大化。

（9）服务与支持

一个新投入使用的财务共享服务中心对于企业绝大部分人员来说都是一个新鲜的事物，前期需要进行培训与实操，并提供咨询服务，做好支持工作，以保证系统顺利推广；后期也需要不断地加强服务与提供技术支持。

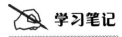 **学习笔记**

请对本章的学习做一个小结，将你认为的重点事项和不懂事项分别列出来，以便进一步学习、提升。

本章重点事项
1. _____
2. _____
3. _____
4. _____
5. _____
6. _____
7. _____

本章不懂事项
1. _____
2. _____
3. _____
4. _____
5. _____
6. _____
7. _____

个人心得
1. _____
2. _____
3. _____
4. _____
5. _____
6. _____
7. _____

参考文献

[1] 孙伟航. 一本书读懂财务管理. 浙江：浙江大学出版社，2020.

[2] 王苏，马晓燕. 中小企业财务一本通：非财务人员的财务管理. 第2版. 广东：广东旅游出版社，2019.

[3] 王棣华. 财务管理案例精析. 第2版. 北京：中国市场出版社，2014.

[4] 钱自严. 从总账到总监：CFO的财务笔记. 北京：北京联合出版有限公司，2021.

[5] 陈玉菁. 财务管理——实务与案例. 第4版. 北京：中国人民大学出版社，2019.

[6] 刘淑莲. 财务管理. 第5版. 辽宁：东北财经大学出版社，2019.

[7] 蔡佩萤主编. 财务管理与会计内部控制实用工具大全. 北京：化学工业出版社，2016.

[8] 魏山水. CEO的7堂财务管理课从读懂财务报表到做好企业风险管控. 北京：人民邮电出版社，2021.

[9] 雷智翔. 财务管理就这么轻松. 全彩图解版. 北京：金城出版社，2019.

[10] 刘畅. 总经理财务管理实操手册. 北京：中国铁道出版社，2021.

[11] 罗伯特·C. 希金斯，珍妮弗·L. 科斯基. 财务管理分析. 第12版. 北京：北京大学出版社，2019.

[12] 袁国辉. 企业财务风险规避指南. 北京：人民邮电出版社，2018.

[13] 杨海平. 财务管理与成本控制. 北京：中国纺织出版社，2018.

[14] 陈冬，聂爱丽. 新形势下独立设置企业财务机构的必要性[J]. 山东税务纵横. 2000(07): 52-54.

[15] 王平福. 财务稽核的重点环节与相关问题分析[J]. 现代经济信息. 2014(11): 248-249.

[16] 文保卫. 企业财务稽查相关问题探讨[J]. 商业会计，2013, (11): 38-39.

[17] 陈亚香. 浅议企业财务稽查[J]. 会计师，2013, (05): 74-75.

[18] 王武勤. 关于财务稽查的几点思考[J]. 中国管理信息化，2012, (04): 23-24.

[19] 潘多军. 浅淡财务稽查[J]. 发展，2010, (07): 74.

[20] 孟乾坤，裴潇. 智慧财务管理：本质、形式及实施路径[J]. 财会月刊. 2018, 26(03): 59-64.

[21] 刘建荣. 智慧云商对传统财务管理的挑战与融合[J]. 财经界(学术版). 2014, 36(05): 159-161.

[22] 向锐，宋莉莉. 集团企业财务机构应该如何设置[J]. 河北财会. 2000(2): 40-41.